Karl Heinz Bohrer

Möglichkeiten einer nihilistischen Ethik (I)

Die falschen Anleihen auf die Zukunft

Als die feineren Geister des späten 19. Jahrhunderts daran gingen, gewisse Standards der schematischen Aufklärung zu demontieren, blieb das unter ihnen. Die offizielle Welt von Politik und Wissenschaft wußte nichts von dem Tod, den die optimistischen Begriffe im Herzen Baudelaires gestorben waren. Sie hat ihn bis heute nicht bemerkt. Baudelaire ist der symbolische Name für das objektive Desaster der Kategorie Zukunft. Man kann auch den Namen Nietzsche einsetzen. Allerdings: Schon bei Nietzsche ist der Scharfsinn und Mut von Baudelaires Nihilismus, das heißt dessen Wissen von der Unerreichbarkeit des Glücks, nur in den besten Momenten anwesend, wie Nietzsche selbst sehr wohl wußte. Zuviel an ihm hatte noch immer teil an der nachidealistischen Metaphysik, was nicht zuletzt sein berühmtes Diktum, daß Gott tot sei, belegt. Denn in ihm verbarg sich ja die Hoffnung auf neue Götter.

Der lapidaren Gewißheit von unserer Zukunftslosigkeit versuchte man zweifellos seit jeher zu entkommen. Eigentlich wußten nur Homers Helden davon: daß ihrer glücklichen Gegenwart keinerlei Fortsetzung beschieden sei, daß der Tag kommen werde, an dem sie in einer Gegenwelt des Gewesenseins dämmerten, deren Farbe metaphorisch farblos war. Und das ist die Wahrheit, die seitdem von großartigen Strategen der Todesbewältigung verhüllt worden ist. Historisch am bedeutendsten wohl von der ästhetischen, nicht mehr theologisch argumentierenden Unsterblichkeitsidee des 18. Jahrhunderts. Als Lessing den antikischen Tod als Bruder des Schlafes, als den Jüngling mit der umgekehrten Fackel erkannte, da war der Evidenz unseres personalen Unendlichkeitswillens die unvergeßliche Sprache gefunden, die der Theologie nicht mehr bedurfte. Aber sie leitete jene Trostteleologie der Unsterblichkeitsphilosophie ein, die weiß: »Tot sein, hat nichts Schreckliches; und in so fern Sterben nichts als der Schritt zum Totsein ist, kann auch das Sterben nichts Schreckliches haben. Nur so und so sterben, eben jetzt, in dieser Verfassung, nach dieses oder jenes Willen, mit Schimpf und Marter sterben: kann schrecklich werden, und wird schrecklich. Aber ist es sodann das Sterben, ist es der Tod, welcher das Schrecken verursachte? Nichts weniger; der Tod ist von allen diesen Schrecken das erwünschte Ende, und es ist nur der Armut der Sprache zuzurechnen, wenn sie beide diese Zustände, den Zustand, welcher unvermeidlich in den Tod führt, und den Zustand des Todes selbst, mit einem und eben demselben Worte benennet.« *(Wie die Alten den Tod gebildet)*

Wenn schon die Schwärze der einen Seite des antiken Todesbewußtseins – der griechische Name *kēr* steht hierfür – nicht unbenannt bleibt, so baut Lessing doch ein triumphierendes Gegenbild auf. Die überanstrengte Spaltung des ambivalenten Todesbegriffs geschieht, um einen solchen der schönen Ewigkeit zu gewinnen, und dies wurde die Basis jenes Todesritualismus, den dann die europäische Romantik erfunden hatte. Novalis' *Hymnen an die Nacht* (1800) haben die prä-Baudelairesche Bewältigung des Todes durch Ästhetisierung zum quasi modernen Ende und Gebrauch transformiert. Wessen man bei diesen Bestimmungen unseres Endes ansichtig wird, sind die Masken neuzeitlichen Illusionstheaters, deren romantische Variante sich in verkappter Form bis heute durchgesetzt hat, nicht zuletzt auch in der Kultform der Begräbnisrituale, die uns trösten und praktisch-zivilisatorisch am Leben erhalten. Vor allem aber deshalb, weil hier die Normen der Moderne – Beleihung der Zukunft im Modus eines psychologischen Dynamismus – mit der Verschmelzung des Todes zum Unsterblichkeitsgedanken verknüpft wurden. Es liegt also alle historische und bewußtseinsgeschichtliche Notwendigkeit darin, daß die Vergänglichkeitserklärung unseres Jetzt zu keiner Formel der kulturellen Norm werden konnte. Die Erkenntnis, daß der Tod kein Danach hat, war nicht nur theologisch-philosophisch ein Nichtgedanke, sondern immer unakzeptabel für die beruhigte Sozietät.

Das ist die Situation, in die Baudelaires Imagination des absoluten Endes eintritt und die sich bis zum Augenblick nicht verändert hat. Die Differenz Tod und Transzendenzversprechen und Tod ohne Transzendenz ist die entscheidende Alternative des möglichen Paradigmawechsels. Nunmehr ist diese Ruptur zu vertiefen: Die tragische Erkenntnis über die menschliche Kondition ist nicht bloß die immer theologisch wieder rückgängig zu machende Sorge über den Tod. Vielmehr ist eine verschärfte Reflexion eingetreten. Der Tod tritt nicht nach dem Leben ein, sondern ist das Leben selbst. Es gibt kein Glück, das nicht sein Ende schon in sich trüge. Die theologisch beruhigbare Todesgewißheit im Zweifel des Danach bleibt in sich immer eine metaphysische Konstruktion der *consolatio,* der Trostrede. Etwas ganz anderes dagegen stellt sich ein bezüglich der Trauer, wenn das Jeweils des Glücks als immer schon verlorenes erkannt ist. Eine solche Reflexion besitzt die enorme Gewalt der Zernichtung billiger Fragestellungen. Etwa der Frage nach dem Ende historischer Geschichtszeiten. Wenn das Ende zu Recht als Innenereignis erkannt ist im Sinne von Novalis' Satz: »Nach Innen geht der geheimnißvolle Weg. In uns, oder nirgends ist die Ewigkeit mit ihren Welten, die Vergangenheit und Zukunft«, dann relativiert sich das Pathos der eschatologisch-chiliastischen Frage nach dem Ende einer historischen Epoche oder gar der historischen Zeit. Denn für das Bewußtsein, das die Endgültigkeit des Todes ohne Rettung annimmt, ja die Kategorie des immer schon zu Ende Gegangenseins denkt, schmilzt die Frage nach dem äußeren Ende, sei es nun eschatologisch-christlich oder immanent-historisch, zu einer akademisch etwas aufgeplusterten, letztlich uninteressanten Marginalie. Die Beliebtheit dieser Frage, nicht zuletzt im zeitgenössischen wissenschaftlichen Diskurs, entdeckt ihre Naivität nicht, weil das eigentliche Drama, nämlich das je schon zu Ende Gegangensein des eben noch Erlebten, gar nicht ins Bewußtsein tritt und beunruhigt.

Baudelaires Abschied vom je schon Gewesenen, das Thema seiner gewaltigen lyrischen Konstruktion in den *Fleurs du mal,* ist eigentlich nie rezipiert worden.[1] Statt dessen breitete sich seit der Kritik an der europäischen Décadence – sie hat die intelligenteste Literatur hervorgebracht, und das Intelligenteste der Avantgarden stammt eben aus dieser Décadence – eine dezisionistisch-expressionistische Literatur mit lebensphilosophischen Impulsen aus. Diese hatte mehr Muskeln als Venen und Arterien, geschweige Gehirn. Selbst die schöne Müdigkeit der frühen Thomas Mannschen Novellen argumentiert, sofern sie zu nihilistischen Perspektiven überhaupt kommt, rein biologistisch: Das Ende der Helden ist Symptom ihrer Schwäche. Und die Darstellung selbst bleibt Stimmungen verhaftet, ohne durchdringende Gedanklichkeit. Das hat eine nihilistische Literatur als subjektivistische Stimmungslyrik desavouiert. Der Nihilismus Baudelaires ist von anderer, nämlich intellektuell durchdringender Art. Er beruht auf luzider Reflexion der menschlichen Bedingung. Aber je evidenter seine schwarzen Einsichten werden, um so mehr scheinen sie sich gegen eine Aufnahme durch den europäischen Diskurs zu sperren. Anders ausgedrückt: Baudelaires Nihilismus hat die zeitgenössische und ihr folgende Intelligenz überfordert. Nur an einem Detail sei ihre Subversivität und ihr Affront gegen jede mögliche Aufnahme in den Diskurs und die kulturelle Norm angedeutet: dem Motiv der verlorenen Zeit. Es ist bekanntlich die Grundidee von Prousts Lebenswerk. Die wiedergewonnene verlorene Zeit läßt sich als Vergangenheitsachse eines Zeitschemas denken, in dem dann auch die Kategorie Zukunft möglich ist und gedacht werden kann. Wenn Vergangenheit als erinnerte zum glückhaften Augenblick präsentischer Zeit werden kann, liegt der Gedanke nahe, daß auch die Zukunft als Möglichkeit eine Chance bekommt.

Walter Benjamin, ein solch emphatischer Zukunftsdenker aus dem Geschlecht der expressionistischen Utopien des frühen 20. Jahrhunderts, hat Baudelaires Erinnerung denn auch unter dem Proustschen Motiv der »mémoire involontaire« gelesen und damit Baudelaires Nihilismus nicht bloß überlesen, sondern nicht erkannt. Nicht erkennen können, weil sein Erlösungsdenken, wie alle nachmetaphysische Philosophie des 20. Jahrhunderts einschließlich Sartres, die Negativität des Baudelaireschen Zeitbewußtseins nicht nachvollziehen konnte. Dieses bestand darin, bringt man es auf seine Essenz, daß nicht bloß der präsentische glückliche Augenblick im »Spleen« erlosch, sondern die Erinnerung an den vergangenen Augenblick ebenfalls nicht konstruierbar war, sondern sich schon auflöste, bevor diese Erinnerung ihn überhaupt zum Gegenstand elegischer Reflexion vergegenständlichen konnte. Das christliche Memento mori kündigt bloß das Ende der weltlichen Zeit an. Baudelaires Zeitbewußtsein dagegen annihiliert sogar jede Sekunde als Moment in der Zeit, deren Kontinuum solchermaßen entleert wird. Es gibt kein Kontinuum mehr und damit keine Zukunft. Alles ist zu Ende, bevor es begonnen hat. Dieser Gedanke ist von den *Fleurs du mal* zu einem System abgründiger Zeitreflexion konzentriert worden. Wer die *mémoire*

---

[1] Hierzu Karl Heinz Bohrer, *Der Abschied. Theorie der Trauer.* Frankfurt: Suhrkamp 1996.

verschwinden sieht, empfindet Großkategorien wie Menschheitsgeschichte, Zukunft der Menschheit, Ende der Geschichte als Falschmünzen der hoffnungsvollen Verständigung: als falsche Anleihen auf die Zukunft. Diese falschen Anleihen aber wurden zum Kern der Philosophien des 20. Jahrhunderts. Vergleicht man die Logik und Evidenz von Baudelaires Erkenntnis von der verlorenen Zeit mit den existentiellen, utopischen und politischen Zeitemphatiken danach, dann fällt deren gedankliche Fadheit auf, welch berühmte Namen sie auch immer mit theoretischer Autorität annoncieren. Was läge also näher, das ganze pompöse Ideenpanorama, sei es Gesellschaftsanalyse, sei es Seinsgeschichte, angesichts der Essentials von Baudelaire aus unserem Diskurs endlich einmal für eine kleine Weile hinauszutreiben.

Hommage an den poetischen Nihilismus

So ganz alleine wäre man nicht. Es gibt eine – freilich dünne – Linie, an der man sich orientieren könnte. Giacomo Leopardi, Kierkegaard, Schopenhauer, Wassili Rosanow, Cioran, am besten aber: man läßt die Philosophen beiseite. Kierkegaard konfrontiert Ästhetik mit Ethik und Verzweiflung mit Hoffnung, Schopenhauer hypostasierte seinen Pessimismus zur Glorie eines Willens. Offenbar kann selbst der Philosoph des Negativen nicht der Verlokkung widerstreben, eben darauf das Positive zu begründen. Für diese eigentümliche rettende Methode Adornos ein Beispiel aus den *Minima moralia:* »So sagt uns eine Stimme, wenn wir auf Rettung hoffen, daß Hoffnung vergeblich sei, und doch ist es sie, die ohnmächtige, allein, die überhaupt uns erlaubt, einen Atemzug zu tun.« *(Über den Bergen)* Horkheimer hatte als Essayist des Nihilismus die klarere Sicht: »Es gibt keine Metaphysik, es ist keine positive Aussage über ein Absolutes möglich. Aber es sind Aussagen über die Zufälligkeit, Endlichkeit, Sinnlosigkeit der sichtbaren Welt möglich.« *(Dämmerung)* Horkheimer hatte die Unmöglichkeit der großen Idee erkannt entgegen seinen expressionistischen Kollegen der philosophischen zwanziger Jahre.

Es geht also um eine Positionsbestimmung des poetischen Nihilismus. Es sollte auch nicht Eduard von Hartmanns *Zur Geschichte und Begründung des Pessimismus* (1880) aktualisiert, also dem Pessimismus als ethischem Postulat in jenem Sinne nachgedacht werden. Ebensowenig bringen uns hier die russischen Nihilisten weiter, da sie im Namen großer Utopien sprachen. Wohl aber der Satz des genannten italienischen Romantikers: »Ob wirklich gelten kann, daß es für ein Lebewesen unbedingt besser sei, nicht zu existieren, als zu existieren? Dies nämlich wäre der Fall des Menschen, wo er kein künftiges Leben hätte.«[2] Leopardi war schon auf dem Sprung zu Baudelaires fürchterlichem Spleen, die Erinnerung als lebensnotwendige Täuschung zu verstehen: »Es ist doch ein holder Trug, der von den Jahrestagen ausgeht; wohl hat solcher Tag mit dem vergangenen nichts mehr zu tun als irgendein anderer, und doch sagen wir: an *diesem* Tage ist das geschehen, an *diesem* bin ich so glück-

[2] Giacomo Leopardi, *Das Gedankenbuch.* München: dtv 1985.

lich, so verzweifelt gewesen; und wirklich ist uns, als kehrten jene Dinge, die unwiederbringlich für immer dahin sind, ins Leben zurück und wären, zwar schattengleich, gegenwärtig: dies aber gibt uns unendlichen Trost, es verbannt den Gedanken der Zerstörung, des Auslöschens, der uns so sehr widerstrebt, und spiegelt die Gegenwart jener Dinge vor, die wir uns wirklich anwesend wünschen oder deren wir doch aus besonderem Anlaß gerne gedenken.«

Zerstörung, Auslöschung, Verschwundensein des eben noch Gewesenen ist das, was sich vollzieht. Aber wir ertragen diesen Vorgang nicht und erlauben uns deshalb, die ewige Präsenz jener verschwundenen Tage zu konstruieren. Leopardi dichtet nicht den Spleen, aber er spricht über dessen gedankliche Voraussetzung: die erinnernde Freude, den Jahrestag und den wiedergefundenen Ort einstigen Glücks einerseits als die zum Leben notwendige Konstruktion von Kontinuität zu erkennen und andererseits diese Konstruktion als eine Täuschung zu durchschauen. Die Gegenwehr gegen die Vernichtung ist natürlich der allererste Instinkt, der mich besserer Einsicht zum Trotz am Leben erhält, weiß Leopardi: »Ich war im höchsten Maß des Lebens überdrüssig und begierig, es zu enden, da verspürte ich ein Krankheitszeichen, das mir Furcht einflößte in eben dem Augenblick, da ich zu sterben wünschte: gleich begann ich mich zu ängstigen, zu widerstreben. Niemals habe ich so stark den unbedingten Gegensatz der Elemente empfunden, die den menschlichen Zustand bestimmen: daß man gezwungen ist, um sein Leben zu bangen und alles zu tun, damit es bewahrt bleibe, just in dem Augenblick, da es zur schwersten Last wird und man sich leicht entschlösse, es aus freiem Willen zu enden (nicht aber aus anderem Anstoß).« Leopardi hat nicht Hamlets Ansicht, nur Ungewißheit hielte uns ab, das unbekannte Land aufzusuchen, sondern umgekehrt, die Gewißheit, daß dort drüben nichts mehr auf uns wartet, ist die Ursache, die uns so kurz zugemessene Zeit nicht zu verkürzen. Hoffnung ist ein jugendliches Gefühl, sagt Leopardi. Das bedeutet aber, daß die aufklärerische Perspektive einer unendlich verbesserbaren Zukunft nicht bloß einem geschichtlich unwissenden Zeitalter zugehört, sondern auch individualpsychologisch etwas Pueriles an sich hat.

Die klassizistische Begründung der Unsterblichkeit der Seele in der zweiten Hälfte des 18. Jahrhunderts war die rationalistische Form der Todesbewältigungsstrategie gewesen, die psychologisch-dynamische Affirmation an den Tod die romantische. Baudelaire hatte die Unzulässigkeit beider Antworten erkannt, indem er den theologischen Kern ihrer Denkweise als irrelevant angesichts des eigentlichen Bewußtseinsschmerzes, nämlich in jeder Sekunde vom Sein depotenziert zu sein, dagegenhielt. Wohlverstanden nicht im Sinne des theologischen Gewissens, daß unser Leben sich verkürze, sondern im existentiellen Sinne, daß jene Sekunde selbst sich immer schon als eine gewesene und auch in der Erinnerung nicht mehr zurückholbare darstellt. Bei Leopardi ist dieser bei ihm schon angedeutete Gedanke schließlich durchdringend erörtert: »Man macht zugunsten der Unsterblichkeit der Seele geltend, daß sich die Menschen über sie einig seien. Mir scheint, solche Einigkeit könne man für das Gegenteil anführen, und mit um so viel größerem Rechte, als die Empfindung, von der ich hier sprechen will, einzig aus der Natur und nicht aus Meinungen, Lehren oder Überlieferungen stammt; oder anders gesagt, sie ist reine Empfindung und nicht Überzeugung. Wenn der Mensch unsterblich ist, warum beweinen wir dann die Toten?«

Leopardi hat der Differenz von Diskursbegründungen den angemessenen Namen gegeben: *Empfindung* oder *Überzeugung.* Damit läßt sich auch genauer sagen, warum sich Baudelaire nicht gegenüber den optimistischen Späteren behaupten konnte. Seine Sprache ist ganz Empfindung ohne jede Überzeugung. Trotzdem bleibt dieser Ausgang der Konkurrenz zweier Geisteshaltungen überraschend. Denn Empfindung stützt sich ja ganz anders als Überzeugung auf die Selbstevidenz des Gefühls, auf die Natur, wie Leopardi auch sagt. Also hätte eigentlich die Empfindung Baudelaires eine starke Spur in der Bewußtseinsgeschichte der Moderne hinterlassen müssen. Getragen vom Argument der Empfindung kommt Leopardi zum Schluß: »Also glauben wir nicht von Natur an die Unsterblichkeit der Seele, vielmehr glauben wir, daß die Toten in Wahrheit tot und nicht mehr am Leben sind; und daß ein Mensch, der gestorben ist, nicht mehr ist.« Und er fährt fort, nachdem er klargestellt hat, daß die Klage nicht dem Tod des Toten gilt, sondern dem Unglück, daß er das Leben verloren hat: »In Wahrheit, wollen wir genau prüfen, was wir empfinden, was uns beim Tod eines lieben Menschen durch den Sinn geht, so finden wir, daß uns vor allem dieser Gedanke bewegt: er ist gewesen, er ist nicht mehr, ich werde ihn nicht mehr sehen. Und wir durchlaufen im Geist die Dinge, das Tun, die Gewohnheiten, die den Verstorbenen mit uns verbanden; und wir sagen uns: dies sind vergangene Dinge; sie werden nie wieder sein; und das ist es, was uns traurig macht. An dieser Trauer und an diesen Gedanken hat auch der Bezug auf uns selber und ein Gefühl (doch kein selbstsüchtiges) unserer Hinfälligkeit nicht geringen Anteil; ein Gefühl der Rührung und der sanften Schwermut. Diesem Gefühl entspringt, was ich anderswo schon bemerkt habe: Daß sich uns jedesmal das Herz zusammenzieht, wenn wir – auch von uns völlig gleichgültigen Dingen oder Personen – denken: dies ist das letzte Mal; das wird nie wieder geschehen; ihn sehe ich niemals wieder; oder: dies ist für immer vergangen.«

Die Endgültigkeit von Baudelaires Schmerz, »die Unbekannte, die vorüberging«, nie wieder zu sehen, das einflüsternde »Vielleicht« des Ewigkeitsgedankens zu verwerfen, ist von Leopardi schon erbarmungslos durchdacht worden. Leopardi kommt zu dem Schluß, daß die Menschen »im Kern und in ihres Herzens Grund sich eher im Glauben an die völlige Zernichtung des Menschen als an die Unsterblichkeit seiner Seele einig sind«. Gleichzeitig aber sagt er auch, er behaupte »angesichts der erwähnten Vielfalt und Wirrnis nicht, daß solche Einigkeit großes Gewicht habe«. Leopardi versuchte, die nihilistische Voraussetzung unserer Existenz nicht als idiosynkratischen Einfall narzißtisch auszudrücken, sondern als Wahrheit zu begreifen: »Zwei Wahrheiten, welche die Menschen nie glauben werden: daß sie nichts wissen und daß sie nichts sind. Man füge eine dritte hinzu, die sehr von der zweiten abhängt: daß es nach dem Tod nichts zu hoffen gibt.« Leopardi schien in gewisser Weise zu akzeptieren, daß diese dritte Wahrheit nicht »konsensfähig« werden würde, wie man heutzutage sagt. Warum ist sie nicht konsensfähig? Weil unsere intellektuelle Konstitution nicht anders kann, als »Zukünftiges« zu perspektivieren. Dies aber schließt die Einsicht in die Endgültigkeit des Todes, die uns zum Vergangenen macht, aus. Die Gegenwärtigkeit wird gemeinhin nicht als bloß gegenwärtig empfunden, die Hinfälligkeit ihrer Eigenschaften als ständig je schon Gewesene tritt gedanklich nicht auf, weil immer schon Zukünftiges in Anspruch genommen, gedacht wird. Leopardi beschreibt dies so: »Die Freude des Menschen (und so wahrscheinlich auch die jedes anderen Lebewesens, nach der Ordnung der Dinge, wie wir sie kennen) ist immer zukünftig, kann nicht anders denn zukünftig sein, besteht ausschließlich in der Zukunft. Der eigentliche Vollzug der Freude wird nicht gewährt. Ich hoffe auf eine Freude; und diese Hoffnung wird in gar vielen Fällen für die Freude genommen. Ich habe eine Freude erlebt, etwas Gutes ist mir widerfahren: das ist nur deshalb erfreulich, weil es ein günstiges Bild der Zukunft schafft«.

Die Zeitlichkeit des Präsens, die verschwindet, wird hier nicht auf ihre sofortige Vergangenheitsform hin angeschaut, sondern auf ihre Eigenschaft, sich nur durch Beleihung der Zukunft zu erhalten: »Im letzten Augenblick, wenn die Freude als Ereignis beendet ist, hat der Mensch die Freude noch immer nicht erlebt und ist entweder unzufrieden oder irgendwie befriedigt in der unsichern, falschen, kaum überzeugenden Meinung, er habe sie erlebt; und sinnt nach, gefällt sich in seinen Empfindungen und erfährt dadurch eine andere Freude, deren Anlaß freilich vergangen ist, aber nicht die Freude (denn wie kann etwas, das nie gewesen und immer zukünftig ist, wohl vergangen sein?), und der Vollzug dieser neuen Freude besteht nun aus einer gleichen Folge von Augenblicken wie der vorige; und ist so auch wieder zukünftig; oder der Mensch hat sich schließlich eine gewisse Heiterkeit angeeignet und ist getrost, weil seine Freude, bezieht sie sich auch nicht mehr auf die Augenblicke jenes Ereignisses, das schon vergangen ist, nun andern Ereignissen gilt; er hat die Idee der so genannten Freude erlebt, und das gibt ihm eine Idee jener anderen Freude, die er erleben zu können glaubt; er bildet sich eine bessere Idee von der Zukunft, eine Hoffnung, einen Vorsatz, den Entschluß, sich neue Freuden zu verschaffen oder sonst etwas zu unternehmen. Und so wird ihm Freude zu Teil, aber stets und gleichermaßen zukünftige.«

Ohne daß es expressis verbis gesagt ist, haben wir hier eine zentrale Begründung dafür, daß so etwas Evidentes wie die Endgültigkeit des Todes nicht zum Motiv unserer Zivilisation geworden ist. Wenn man gelegentlich die frühen europäischen Nihilisten à la Leopardi unter dem Stichwort Weltschmerz kritisiert liest – hier ist an oberster Stelle Kierkegaard, an unterster die deutsche Germanistik des frühen 20. Jahrhunderts zu nennen –, dann ist dies zunächst einmal der Einspruch des Ethischen gegen das Ästhetische. Auf dieser Normenebene wird der Versuch unternommen, dem Ästhetischen dadurch die kategorial niederere Wertigkeit anzulasten, indem es mit der »Stimmung«, einem »Versinken in Stimmung«, wie Kierkegaard es in *Über den Begriff der Ironie* nennt, identifiziert wird. Weltschmerz als intellektuelle Mode in Deutschland und Frankreich im frühen 19. Jahrhundert verstanden, verliert in solcher Perspektive jedes Element des argumentativen Gedankens. Aber auch die sympathetische Auffassung vom Dichter als »unglücklichem Menschen«, dessen Lippen so geformt sind, daß sein Seufzen und Schreien sich in schöne Musik verwandelt, während seine Seele sich in geheimen Qualen windet, so Kierkegaard in *Entweder-Oder*, operiert mit der Vorstellung eines Subjektivismus, der die Negativität der poetischen Rede letztlich privat-psychologisch mißversteht. Zwar hat Kierkegaard der existentiellen Schwermut der ästhetischen Weltbetrachtung einen kanonischen Rang verliehen: »Ich sage von meinem Kummer, was der Engländer von seinem Hause sagt: Mein Kummer is my castle.« Aber es bleibt bei einer prinzipiellen Infragestellung, beim Verdacht des Erkenntnisdefizits. Die Struktur der Kierkegaardschen Kasuistik sorgt dafür, daß immer alles möglich bleibt zugunsten der Positivität. Jedenfalls für die philosophische Auslegung. Es ist ein nobler, aber den poetischen Nihilisten nicht überzeugender Sprung aus dem eigenen Abgrund.

Der generelle Fall des Verdachts gegen den ästhetischen Nihilismus ist jedoch sehr viel banaler und in seinem intellektuellen Defizit sofort erkennbar. Er hält nämlich eigentlich keine theoretischen Einwände bereit, sondern ausschließlich solche empirischer Natur: daß man damit nicht leben könne oder daß man damit der Unmoral verfalle oder: daß solch ein poetischer Nihilismus jeder natürlichen Antizipation widerstrebe. Es ist der gesunde Menschenverstand, der instinktive Glückseligkeitstrieb, der, wie schon Eduard von Hartmann sagte, einen »transzendenten, offenen oder unbewußt verkappten Eudaimonismus« vertritt. Leitend bei solchen Einwänden, die bisher die Basis jeder Staatsphilosophie und politischen Ethik gewesen sind, ist immer jene falsche Anleihe auf die Zukunft, von der wir ausgegangen sind. Eigentlich gibt es gar keinen Anlaß, die Zukunft positiv zu belehnen. Eigentlich gibt es nur Anlaß, überhaupt nichts von ihr zu sagen.

Und so sind die Notierungen eines abgründigen Geistes wie Leopardi auch erkenntniskritisch gegenüber dem Versuch, ihn als epochebedingten Melancholiker zu relativieren, nichts als erhaben zu nennen. Dann ermißt sich alles nach der Grundformel: »Die Kinder finden im Nichts das Gesamte, die Erwachsenen im Gesamten das Nichts.« Dabei wäre zu ergänzen, daß die Mehrheit der Erwachsenen immer im Sinne dieses Systems Kinder geblieben sind. So und vor allem aber auch, weil mit beträchtlicher Konsequenz, jene deutschen Philosophen des frühen 20. Jahrhunderts, die der modernen Verzweiflung noch einmal mit Ganzheitlichkeit kamen. Darin waren sich Bloch und Heidegger ja einig. Ihre Sprache nimmt sich heute vor dem Hintergrund des poetischen Nihilismus pathetisch-banal oder eben kindlich aus. Man verfällt heute in Erstaunen ob der Leere der Versprechungen, die aus den kulturkritischen Philosophemen Schelers, Heideggers oder Blochs gähnen. Intellektuell etwas peinlich geworden, nehmen sich auch die Sinnkonstruktionen mit unverhüllt mythologischen Denkfiguren aus: Immer soll etwas gerettet werden. Immer soll etwas überwunden werden. Eigentlich, so wäre vorstellbar, liegt doch der Gedanke viel näher, daß es nichts zu retten gibt. Aber dieser Gedanke liegt philosophischem Denken, dem deutschen zumal, offenbar fern. Vielleicht auch deshalb, weil die Perspektive eine verkehrte ist, wie Leopardi vermutet hat: »Manche Philosophen haben die Gewohnheit angenommen, die Welt und das Leben der Anderen gleichsam von oben herab zu betrachten; doch nur ganz wenige haben sich angewöhnt, auch wirklich und ständig von oben herab auf ihr eigenes Leben zu schauen. Erst darin sind aber wohl die wahre Höhe und die letzte Frucht der Weisheit zu finden.« Nur dort, wo die Philosophie eine poetologische Substanz hat, etwa in gewissen Zügen des französischen zeitgenössischen Denkens, das auch im Surrealismus seine Wurzeln hat, wird auf die Rettungsidee verzichtet. Da wird eher in ehernen, anderen Konsequenzen gedacht: daß der Mensch sich wie ein Abdruck im Sand verlieren wird. Aber dieser Gedanke krankt ebenfalls daran, daß er dem teleologischen Argument nicht entkommen ist. Leopardi erkannte irgendwann, daß der Schmerz, den Kinder empfinden, wenn ein Festtag vorüber war, ein Paradigma ist für den naiven philosophischen Geist. Dieser will das Verlorene zurückhaben. Der poetische Nihilist weiß a priori, daß jedwelche glückliche Erfahrung ohne Kontinuität ist, daß ihr enthusiastisches Präsens eine Fälschung ist. Das Glück der Kindheit, das Leopardi um so mehr wahrnahm und analysiert hat, ist die gedankliche Voraussetzung für den poetischen Nihilismus: »Ganze Jahre vergehen, ohne daß wir eine lebhafte Freude, ja auch nur eine kurze freudige Regung empfinden. Für das Kind vergeht kein Tag, ohne daß es eine solche empfände. Was ist die Ursache? Unser Wissen – seine Unwissenheit.«

Nicht Stimmung, Wissen ist also die Ursache, der letzte Grund für die Annahme, daß es keinen Anlaß zu einer humanistischen Hochrechnung gibt. Giacomo Leopardi ist hier an den Anfang dieser Einsicht gestellt worden, weil sein Denken im Unterschied zu dem der Philosophen rein, unvermischt mit peinlich-unbewiesenen Annahmen blieb. In der Jetztzeit oder in der unmittelbaren Vergangenheit sind solche reinen Geister infolge der erwähnten opulenten Erlösungsphilosopheme und ihrer Wirkung bis heute nicht häufiger geworden. Noch bedenklicher: Sie gehören nicht mehr zum repräsentativen Diskurs, was immerhin doch von Leopardi, von Baudelaire gesagt werden kann, wie außenseiterisch diese Gestalten auch waren. Sätze wie folgende sind im utopisch verhetzten und verkitschten 20. Jahrhundert selten zu lesen: »Was bedeutet es, wenn ›ich sterbe‹? Daß die Wohnung auf der Kolomenskaja frei wird und der Vermieter sie einem anderen weitervermietet. Was noch? Daß die Bibliographen meine Bücher katalogisieren. Aber ich *selbst?* Ich selber? – *nichts.* Das Beerdigungsinstitut erhält 60 Rbl. fürs Begräbnis, und im ›März‹ werden diese 60 Rbl. in die ›Bilanz‹ eingehen. Aber da fließt alles schon mit anderen Begräbnissen zusammen; kein Name, kein Seufzen mehr. Entsetzliche Vorstellung!«[3]

Die Sätze stammen aus Wassili Rosanows *Abgefallene Blätter* (1913), des vom Tod desillusionierten St. Petersburger Schriftstellers: »Wie entsetzlich,

[3] Wassili Rosanow, *Abgefallene Blätter.* Frankfurt: Eichborn 1996.

daß der Mensch (dieser ewige Philologe) ein Wort gefunden hat für diese Sache: ›Tod‹. Kann man *das* denn irgendwie benennen? Hat *das* denn einen Namen? Ein Name ist bereits eine Definition, bereits ein ›Etwas wissen wir‹. Aber wir – wir *wissen* doch *gar nichts* davon. Und wenn wir in unseren Unterhaltungen ›Tod‹ sagen, tanzen wir gewissermaßen im Blanc-manger zu Abend oder fragen: ›Wieviel Uhr ist im Suppenteller?‹ Reiner Zynismus. Reiner Unsinn.«

Wir sind nicht von ungefähr von der Vorstellung des Todes ausgegangen, um den poetischen Nihilismus zu verstehen. Der nicht zu verstehende Tod – nicht das teleologische Compositum mixtum, das Heidegger daraus machte – bleibt das Apriori dieses Nihilismus. An Rosanows Notizen läßt sich der weltanschaulich-epochale Pessimismus des 19. Jahrhunderts vom poetischen Nihilismus, der ein Modus des modernen Bewußtseins ist, gut unterscheiden. »Der Mechanismus des Untergangs der europäischen Zivilisation wird eine Lähmung sein angesichts jeder bösen, nichtsnutzigen, verbrecherischen Tat: Und am Zeitenende werden die Schurken die Welt in Stücke reißen« – solche Sätze enthalten von beiden Seiten etwas. Dabei zeigt sich, daß Rosanow, nicht Ideologe, sondern Beobachter, sich sehr viel mehr für das nichtabsehbare kontingente Negative, das Verbrechen, als für das Absehbare beziehungsweise die Klischee-Idee des Negativen (Untergang der europäischen Zivilisation) polemisch interessiert. Das nicht absehbare Verbrechen ist das Gesindel, der sozial depravierte Mörder oder der politische Anarchist, die nicht bestraft werden. Ganz im Gegenteil: Man mystifiziert sie. Rosanow hat die Banalität dieser mystifizierten Größe – dazu gehört für ihn auch der Sozialismus –, seine neuentdeckte Nichtigkeit hier schon durchschaut und dabei die literarischen Mystifikateure verhöhnt: »Wie ein betrunkenes hysterisches Weib hat sich Dostojewski ans russische ›Gesindel‹ geklammert und sich zu dessen Propheten gemacht.« Er verhöhnt Dostojewski auch als Propheten des »Morgigen«, das heißt er erkennt, ohne viel Worte darüber zu machen, die Konventionalität des religiös inspirierten Zukunftsmenschen an ihm.

Rosanows Blick bewährte sich in der illusionsfreien Selbstwahrnehmung: »Ich verstehe nicht, weshalb man mich in der literarischen Welt derart haßt. Mir selber erscheine ich als ›sehr liebenswerter Mensch‹.« Es sind diese atomaren Momente in seiner ganz unangestrengten zwanglosen Wahrnehmung, die sich nicht zu einer negativen Kategorienbildung en gros nötigen lassen. Eher die Décadence-Stimmung zur Gewißheit machen: »Wie verwelkende Blumen die Menschen Herbst und – nichts. Wie grauenerregend dieses ›Nichts‹. Wie grauenerregend dieser Herbst.« Alle Kategorien der Zukunft gehen in der Stimmung, die präziser denkt als das Große Denken – verloren. Die Revolution, dieser Kardinalbegriff des 19. und 20. Jahrhunderts, verliert auch ihre Größe: »In der Revolution gibt es keine Freude. *Und wird sie nie geben.* Die Freude ist ein zu königliches Gefühl, als daß sie je in die Arme dieses Lakaien sänke.« Rosanow schrieb dies nach den konstitutionellen Ereignissen von 1905, noch ohne Erfahrung der Oktoberrevolution. Das ist kein analytisch-historisches Defizit dieser Aussage: Der poetische Nihilismus interessiert sich für den Tod und die Freude, nicht für die banalen Gegenstände der Soziologie. Daß die emphatisierte Vorstellungseinheit Revolution banal ist, dies eben ist seit Baudelaire, seit Nietzsche die Pointe, nicht diese oder jene inhaltliche Bewertung. Rosanows nihilistische Bewertung des größten Faszinosums der modernen Politikgeschichte ergibt sich zwanglos aus seiner phänomenologisch-ontologischen Negation: »Die Revolution besteht aus zwei Schichten. Die untere und wahre hat zum Archeus agens Bitterkeit, Bosheit, Not, Neid und Verzweiflung und ist schwarz – das ist die Demokratie. Die obere Schicht ist golden: es sind die Sybariten, die versorgt sind und *nichts tun,* die spazierengehen, die *nicht dienen.*« Nihilistische Erkenntnis als genuine ist die Gegenrede zur politischen Rede als Paradigma der Banalität. Dies auszusprechen gehört zu den Tabus der bundesrepublikanischen Erziehungsgesellschaft zwischen kleinbürgerlicher Intelligenz und Wirtschaftsdemokratie. Wenn der poetische Nihilismus ein Nachfolger der theologischen Verzweiflung wäre, dann entspräche diese Tabuisierung dem Verzweiflungsverbot durch die Kirche, die in der Verzweiflung eine Todsünde sah, sehr viel mehr als einer pragmatisch-politischen Verdächtigung solcher Mentalität als präfaschistisch.

Es liegt dem poetischen Nihilisten nichts an der letzten Begründung. Vielmehr liegt die Essenz seiner Negativität im phänomenologisch begabten Blick, jenseits vom teleologischen Interesse: Er lügt das Gesehene nicht um zu höheren Zwecken, sondern steigert es in seiner sinnlichen Ansehnlichkeit bis hin zur erkenntniskritischen Reflexivität: »Weshalb weckt die Numismatik so viele Gedanken? Durch ihre Gedankenleere. Wie Vögel fliegen die ›Gedanken‹, wenn das Auge die Münzen betrachtet oder du einfach in ihnen ›herumstöberst‹. Dann ist die Seele frei, sie befreit sich. Die ›Mechanik der Tätigkeit‹ (in der Numismatik) vertreibt den seelischen Schmerz (stets), die Seele ruht aus, leidet nicht. So dem Schmerz entkommen, *der auch das Denken niederdrückt,* steigt mit ausgebreiteten Flügeln die Seele auf und fliegt und fliegt. Genau deshalb liebe ich die Numismatik. Und widme ihr die poetischsten der nächtlichen Stunden. *(vor meiner Münzsammlung)*«. Die reflexive Intelligenz solcher Wahrnehmungen berührt sich strukturell mit Leopardis Sätzen beim Anblick architektonischer Formen: »Oftmals, wenn wir einen Bau, eine Kirche, irgendein Werk der Kunst sehen, überrascht uns auf den ersten Blick ein Zuwenig oder Zuviel, eine Ungleichheit, eine Störung oder Unregelmäßigkeit der Symmetrie usw., und kaum haben wir den Grund dieser Störung erfahren oder begriffen, und daß sie mit Absicht oder doch nicht durch Zufall, durch Nachlässigkeit, nein, eines Nutzens, einer Annehmlichkeit oder eines Bedürfnisses wegen geschaffen sei, so dünkt sie uns nicht nur erlaubt, wir finden vielmehr an dem Werke die Ungleichheit gar nicht mehr, die wir im ersten Augenblick wahrgenommen, empfunden und ausgesetzt haben.«

Wer hätte in unserer Epoche den poetischen Nihilismus unter der sublimen Bedingung gedacht und gefaßt, daß er alles phänomenologisch gesehen, nichts sentimental auf etwas gemünzt hätte? In dieser Differenz war ja der Gegensatz zwischen poetischem Nihilismus und weltanschaulichem Pessimismus zu erkennen. Bei dieser Frage kommt die Antwort wegen der überwältigenden Kohorten positiver Versöhnungsdenker sehr viel zögerlicher, denkt man an den Jahrhundertanfang. Es möchte einem gerade als einzigartige Schrift *La nausée* des jungen Jean-Paul Sartre in den Sinn kommen, die charakteristischerweise im Nachkriegsdeutschland der moralischen Bedürfnisse, also der grauen Lebenslüge, nicht rezipiert worden ist. Mit Sartres *Ekel* könnte jedoch die hier zu verfolgende eindeutige Linie einer manifesten Negation abgefälscht und umgefälscht werden zu einer literarisch-stilistischen Frage oder einer hinderlich philosophischen: nach der Haltung des modernen Menschen jenseits der Religionen. Sartres *Ekel* wäre als Konzept in seiner stilistischen Darstellung in unserem Zusammenhang das vielleicht großartigste Exempel. Lassen wir es um der methodischen Skrupel willen und verschärfen wir die Anordnung dieser Versuchsreihe der Negativität um einiges an Herausforderung: nicht der politisch ja noch immer irgendwie korrekte Sartre, sondern der politisch überhaupt höchst unkorrekte E. M. Cioran.

Mehr als bei Rosanow ist bei Cioran zwischen ideologisch begründetem Pessimismus und poetischem Nihilismus zu unterscheiden. Ciorans Auffassungen über den Niedergang Europas und der westlichen Hemisphäre überhaupt sind in ihrer Begründung zwar nicht ohne Interesse, aber sie gehören nicht eigentlich zum Granit seiner Gedanken, sondern sind eher ein Sich-gehen-Lassen im politischen Moralisieren. Es wird anläßlich der Aphorismen Ciorans das über Leopardi und Rosanow zuletzt Gesagte noch prägnanter als zentrales Element des poetischen Nihilismus erkennbar: die Reduktion aller Aussagen auf die Aussage des einsamen Beobachters. Das Gegenteil war bekanntlich das Gesetz der aufklärerisch-rationalistischen Ethik seit dem 17. Jahrhundert. Nur der in Gesellschaft Lebende und Denkende hat die Gewähr des richtigen Denkens und Fühlens. Der Einsame war pathologisch. Wir kennen die Wiedergeburt dieser fröhlichen Gesinnung in der Beschwichtigung der Diskurs- und Kommunikationstheorie, die ja nicht von ungefähr die Existentialien des poetischen Nihilismus nicht gebrauchen kann, ja sie fürchten muß. Der frühe Cioran sagt nämlich: »Wir sind im Leben so einsam, daß man sich fragt, ob die Einsamkeit der Agonie nicht überhaupt ein Symbol des menschlichen Daseins sei. Es ist ein Anzeichen großer Schwäche, in Gesellschaft leben und sterben zu wollen. Kann es denn in den allerletzten Momenten noch Lichtblicke geben? Es ist besser, irgendwo einsam und verlassen zu sterben: den Blicken entzogen, kann man ohne Posen und Possen verlöschen. Mich widern die Menschen an, welche sich in der Agonie noch beherrschen und sich Attitüden auferlegen, um Eindruck zu machen. Die Tränen glühen nur im Alleinsein.«[4] Ciorans Einsamkeitsformular, das mit der Schrift von 1934 *Auf den Gipfeln der Verzweiflung* beginnt, hat allerdings nichts gemein mit jenem genußvollen Schmerz, der Einsamkeit, die mit Rousseau und dem empfindsamen Zeitalter sich gegen die höfische Norm des gesellschaftlichen Menschen wandte. Diese Einsamkeit kannte die Transzendenz, die Cioran gerade leugnet: »Wir sind von allem getrennt!

[4] E. M. Cioran, *Auf den Gipfeln der Verzweiflung.* Frankfurt: Suhrkamp 1989.

Und ist nicht alles Seiende unerreichbar? Das tiefe und organische Sterben ist der Tod in Einsamkeit, wenn selbst das Licht zum Todesprinzip wird. In solchen Momenten bist du vom Leben, von der Liebe, vom Lächeln, von den Freunden und sogar vom Tode losgelöst. Und du fragst dich paradoxerweise, ob es noch etwas außer deiner und der Welten Leere gebe.«

Der Tod ist der begriffliche Dreh- und Angelpunkt, ob und inwiefern eine Rede aus dem poetischen Nihilismus kommt. Er kann in dieser Klarheit nur dort formuliert werden, wo das Denken nicht verdorben ist durch die Idealismen der Philosophie, und es ist wohl kein Zufall, daß der zwanzigjährige rumänische Essayist Cioran zu seinen leuchtenden Sätzen kam weit entfernt von den Biederkeiten der gleichzeitigen deutschen Phänomenologie. Zwar kann Ciorans Metaphorik nicht verdecken, daß die Radikalität des Schmerzausdrucks manchmal dem entspringt, was Eduard von Hartmann den »moralischen Entrüstungspessimismus« genannt hat, der Ansicht von einem radikal Bösen in der menschlichen Natur. Aber von Beginn an ist als gedanklicher Kern die Leugnung der geschichtlichen Bewegung – Analogie zum Gedanken des Todes und der Einsamkeit – zu fassen: »Ich verstehe nicht, welchen Sinn es hat, daß ich noch in der Geschichte lebe, die Ideale des Zeitalters teile und mich in Gedanken über Kultur oder soziale Probleme ergehe. Ich bin der Kultur und der Geschichte überdrüssig; es ist mir beinahe unmöglich, an historischen Gärungen teilzunehmen oder zeitlichen Idealen und Bestrebungen nachzuhängen. Die Geschichte muß überwunden werden. Und du kannst die Geschichte nur dann überwinden, wenn Vergangenheit, Gegenwart und Zukunft keine Bedeutung mehr für dich haben, wenn es dir gleichgültig ist, *wann* und *wo* du lebst.«

Der junge Cioran hat die nihilistische Qualität des Todesgedankens, also die Leugnung von dessen romantisch-transzendenter Wertigkeit, an einer scharfsinnigen Unterscheidung zwischen »Traurigkeit« und »Melancholie« dargetan. Traurigkeit stellt sich ein als ein Ausbluten von Intensität nach extremen sinnlich-enthusiastischen Erfahrungen, etwa der Liebe und des Dionysischen: Der absolute Verlust des eben noch Präsenten – man erinnere sich an Baudelaires »Spleen« – zieht Traurigkeit, nicht Melancholie nach sich. Denn Melancholie ist der Modus eines elegisch-ästhetisch genossenen Zustands: »Der Tod ist wie das Leiden oder die Traurigkeit die absolute Verneinung des Ästhetischen. Tod und Schönheit! Zwei Begriffe, die einander absolut abstoßen. Denn ich kenne nichts Widerwärtigeres, nichts Grimmigeres und Greulicheres als den Tod! Wie konnte es Dichter geben, welche den Tod, diese himmelhohe Negativität, die nicht einmal das Gewand des Grotesken anzulegen vermag, als schön empfanden? Der Tod ist die höchste Wirklichkeit der negativen Weltordnung.« Hier ist Lessings, aber auch Heideggers versöhnter Tod so umgekehrt, daß man sich wundert, wie derselbe Autor von der »Leidenschaft für das Absurde« sprechen konnte, denn da tut sich ja das Schlupfloch für den mit Gründen Verzweifelten auf: »Auf der Verzweiflung Höhe wirft die Leidenschaft fürs Absurde als einzige noch dämonisches Licht auf das Chaos.« Das ist ja fast die schöne Aussicht, die Gott am Schöpfungstage hatte und er sagen konnte, daß alles gut sei. Ciorans gedankliche Inkonsistenz soll hier nicht thematisiert werden. Es sei nicht Systematik abverlangt, die Cioran bei der Koordination unsystematischer Ideen schon ablehnte.

Jedoch: Zustände der Intensität allein sind es nicht, die den poetischen Nihilismus gegen den Einwand der sinngebenden Politik und Philosophie schützen. Aber vielleicht ist Cioran kein poetischer Nihilist? Er liebte das Nichts der Mystik. Er dachte später gerade den Tod auch im begrifflichen Widerspruch zu dem eben Zitierten: nämlich als Poesie, als Medium. So in dem besonders artikulierten Text *Gedankendämmerung* (1941), einer träumerischen Agonie: »Denn der Tod ist das Öl, das in den unsichtbaren Raum unserer Abkehr von der Welt sickert und uns in die wohltuend-schmerzhafte Verzögerung des Verlöschens einhüllt, um uns zuzuflüstern, daß Leben virtuelle Letztheit und Werden unendliche todesschwangere Potentialität ist.«[5] Das klingt mehr nach Novalis' Todeserotik seiner *Hymnen an die Nacht* denn nach poetischem Nihilismus. Cioran denkt manchmal, nein zu oft daran, den absoluten Augenblick ins Feld zu führen. Gedanklich eher verdächtig ist das dort, wo es sich mit dem nihilistischen Gestus ausstattet: »Wenn das Streben nach dem Nichts die Inbrunst der Erotik erreicht, bedeutet dir Zeit und Ewigkeit nichts mehr, *Jetzt* und *allezeit* sind Elemente, mit denen man in der Welt zurecht kommt.« Sind das die Schwachpunkte, wenn der zum System nicht Begabte unfreiwillig zum Traditionalisten wird? Man sehnt sich dann nach den nihilistischen Epiphanien von Sartres *Ekel* zurück: »Es gibt keine vollkommenen Augenblicke mehr.«

Cioran hat im System die genuin angelegte Vermittlung von Aporien gewittert. Daher hielt er gegen die Theologen das Argument: »Da sie nicht beweisen können, was sie vorbringen, sind sie gehalten, soviel Unterscheidungen zu praktizieren, daß sie damit den Geist ablenken: was sie beabsichtigen. Welche Virtuosität ist doch dazu nötig, die Engel in zig Gattungen zu klassifizieren! Von Gott braucht man gar nicht erst zu reden: seine ›Unendlichkeit‹ hat zahlreiche Gehirne bis zur Erweichung abgenutzt;«[6] Die *rupture* ist das Apriori der nihilistischen Verweigerung: »Plötzliches Schweigen mitten in einem Gespräch führt uns zum *Wesentlichen* zurück: es enthüllt uns, wie teuer uns die Erfindung des Wortes zu stehen kommt.«[7] Die Poesie der Cioranschen Sprache ist es wohl, die der ätzenden Schärfe ihrer gedanklichen Ausblicke manchmal im Wege steht – als »poetische Verkleidung«, wie er selbst an einer Stelle argwöhnt. Ciorans poetischer Nihilismus scheint – von jetzt aus gesehen und einmal als konsistente Rede gedacht – nur dort wirklich erfüllt, wenn nicht über die Negation von Sinn doch wieder Sinn auftritt. Wenn er ohne die statthabende Fortsetzung einer Sinnspekulation sagt: »Der Gedanke, daß das Leben etwas anderes sein könnte als dämonisches Ausschlagen, daß es irgendwohin führt, zu einem Sinn außerhalb seiner vergeblichen Ausfaltung – scheint mir derartig niederdrückend und nichtig,

[5] E. M. Cioran, *Gedankendämmerung*. Frankfurt: Suhrkamp 1995.
[6] E. M. Cioran, *Syllogismen der Bitterkeit*. Frankfurt: Suhrkamp 1995.
[7] E. M. Cioran, *Der zersplitterte Fluch. Aphorismen*. Frankfurt: Suhrkamp 1987.

daß seine Bestätigung mir unheilbare Wunden schlüge. Dann würden die Unendlichkeit, die du nicht vollzogen hast, und alle durch Zynismus entschuldigten Faulheiten sich auf dein erstarrtes Entsetzen stürzen. – Wir versagen nur, wenn das Leben einen *Sinn* hat. Denn nur dann schlägt alles, was wir nicht *erfüllt* haben, in Sturz oder Sünde um. In einer Welt mit einem Sinn außerhalb ihrer, in einer Welt, die auf etwas hinstrebt, sind wir genötigt, bis an unsere Grenzen zu sein.« *(Gedankendämmerung)*

Auf den Begriff gebracht: Nur jene Sentenzen, in denen die Verneinung nicht zur »Verzückung«, die Verzweiflung nicht zur »Prophetie« führt, nur dort ist die Kraft des poetischen Nihilismus anwesend. Mit anderen Worten: Der poetische Nihilismus ist nicht dort für uns von Belang, wo er schön ist, sondern wo er wahr ist. Das ist wider Ciorans eigene Sentenz im *Buch der Täuschungen.* Vor allem aber sei es gesagt gegen die spätere Hinwendung zum Taoismus, die Einübung in das Nichthandeln, die Erlösung vom Ich. Fast alle Interpreten Ciorans haben versucht, seine Negativität in eben solche Positivität umzukehren, die sich in seinem Werk ja auch permanent anbietet. Vor allem der offenbaren Beeinflussung durch die Nirwana-Elemente der Romantik und den Seinsenthusiasmus Nietzsches ist entgegen Ciorans eigenem Enthusiasmus nicht zu folgen. Insofern gehört nur ein entromantisierter Cioran in einen Katechismus des poetischen Nihilismus. Ein Cioran, der nicht in das »Innere der Dinge« eindringen will – denn da bleibt er noch immer Konkurrent der deutschen Philosophie, die er so sehr ablehnte –, sondern der Cioran, der beobachtet und subversiv bleibt.

Consolatio ist keine Ethik

Aber wie soll man mit dieser Theorie produktiv leben? Aber wie dann eine Ethik? Steckte bei Leopardi eine Ethik oder bei Rosanow? Die aus Cioran unmittelbar herausspringende Ethik, die hier nicht gemeint ist, heißt Besänftigung des Schmerzes. Gedanklich heißt das: Dadurch wird der nihilistischen Einsicht sogar etwas von ihrem Stachel genommen. Das Nichtselbst verwandelt sich dann in ein Etwas. Oder aber es tritt eine noch affirmativere Wendung ein: Der Aktivität von Handlung tritt eine Art Hamlet-Lehre entgegen: Handelt nicht mehr und ihr seid von den Schmerzen erlöst! Sie ist dann keine Ätiologie vom höchsten Ansturm der nihilistischen Gewißheiten mehr: »Der Tod ist das Erhabene, das jedem zu Gebote steht« *(Gedankendämmerung).* Aber Betäubung ist nicht, wonach man nach der Erfahrung des Nichts fragen sollte. Das ist quasi der praktische Akt der Remedur. Die Schwierigkeit liegt im Theoretischen. Und zwar deshalb, weil der theoretische Akt – das zeigt sich in der Geschichte der Philosophie an der Behandlung des Bösen – immer zu einer Aufhebung des Nichts neigt, weshalb ja Geister wie Leopardi und Rosanow, vor allem aber auch Cioran, den Philosophen in dieser Frage mißtrauten. Aber auch erstere halten Consolatio bereit. Es ist jeweils die Sprache der Melancholie am Anfang und Ende des melancholischen 19. Jahrhunderts. Das hieße aber, daß sie kraft des poetischen Charakters ihrer negativen Statements sowohl das Nichts erkannten als auch sich seiner erwehrten. Indem sie nicht theoretisch, sondern poetisch dachten, trat das Nichts in ihre Vorstellungen ein. Diese Voraussetzung ist ein Gesetz des poetischen Diskurses seit der Romantik: Kleist dachte erst poetisch, als er die Kant-Lektüre abgeschlossen hatte. Indem sie aber das Nichts poetisch faßten, entsprang ihrer Schwärze auch jenes ästhetische Surplus, das die Gleichung Schönheit und Tod ermöglichte, obwohl, bei kaltem Tageslicht besehen, schon die Gleichung Tod und unbekanntes Land eine Lüge ist: Der Tod ist der Beginn des Nichts. Der Sprechakt des poetischen Nihilismus ist nicht mehr wiederholbar. Aber seine Einsichten und Bilder wappnen uns gegen die Banalität der politisch-soziologischen Diskurse. Die Ethik als Consolatio können wir nicht wiederholen. Uns steht keine erhabene Stimmung mehr zur Verfügung – wie noch dem frühen Existentialismus Sartres, der hier auch deshalb ausgespart wurde, um nicht einer verlockenden Aktualisierung der existentialistischen Ethik nachzugeben: »Some of these days, you'll miss me, honey«. Immerhin hätte man hier die theoretische Begründbarkeit solcher Ethik.

Was man nunmehr zu vermeiden hat – sind die Motive des poetischen Nihilismus einmal akzeptiert –, ist jede gedankliche Tendenz von der Art, wie Eduard von Hartmann den Pessimismus, das heißt das Leid, begründete, eine Begründung, die noch immer für repräsentativ gelten kann. Hartmann unterscheidet verschiedene Pessimismen, deren reaktive Pointe durchaus Aspekte des poetischen Nihilismus betrifft. So der vom Entrüstungspessimismus und philosophischem Pessimismus unterschiedene, gleichermaßen negativ einzuschätzende quietistische Pessimismus, dessen Subversivität jeder Handlung Hartmann wahrscheinlich in Ciorans Konsequenz erkennen und ihr widersprechen würde. Was Hartmanns Ethik des Pessimismus zum auszuschließenden Paradigma par excellence macht, ist das lebenspraktische Argument der illusionsfreien Ertüchtigung für eine Vita activa. Das ist letztlich die charakteristische Haltung des wissenschaftlichen Menschen, der sich eben in dieser Pragmatik mit dem Politiker trifft und dessen konsequentem Mißtrauen gegen die Poesie. Solche ethische Konsequenz ist natürlich nur deshalb möglich, weil Hartmanns Pessimismus sich ausschließlich auf die negative Beurteilung der Conditio humana im Diesseits bezieht. Ein Jenseits ist bei ihm nicht ausgeschlossen. Hartmanns theoretisches Argument kommt gar nicht zu den Abgründen des poetischen Nihilismus. Er will nur die Illusionen des philosophischen Eudaimonismus bekämpfen, der ja tatsächlich die Grundlage des westlichen Zivilstaates geworden ist. Und damit bleibt er eben befangen im System der diversen Idealismen, von denen er sich die theoretisch-begrifflichen Vorgaben für seine Kategorien geben läßt. Hartmanns pessimistische Ethik sagt: Nur durch mich gelangt ihr »zur Sicherung des religiös-ethischen Idealismus in seiner Echtheit und Reinheit«. Die Ethik entlarvt ihre Voraussetzung also letztlich als nicht pessimistische. Die Negativität des Nihilismus ist hier völlig außerhalb der Sicht. Immerhin aber bedenkt Hartmann die Kategorie des Leides. In der Metapher des Schmerzes tritt sie bekanntlich zunehmend in der nachromantischen Literatur auf. Büchner läßt im *Danton* seine philosophische Bühnenfigur die Formel für jeden zukünftigen Nihilismus formulieren: »Man kann das Böse leugnen, aber nicht den Schmerz; nur der Verstand kann Gott beweisen, das Gefühl empört sich dagegen. Merke dir es, Anaxagoras: warum leide ich? Das ist der Fels des Atheismus. Das leiseste Zucken des Schmerzes, und rege es sich nur in einem Atom, macht einen Riß in der Schöpfung von oben bis unten.«

Dagegen hat noch einmal Hegel im Namen der idealistischen Philosophie zu helfen gewußt, indem er den Schmerz des einzelnen der Bedeutung des Ganzen integrierte, ein Schema, dem selbstverständlich auch Hartmann gehorchte. Er unterschied nämlich die natürliche, die rationalistische, die theologische, die ethische, die providentielle, die skeptische und die spekulative »Bedeutung des Leides«. Es versteht sich aus dieser Art von Identifizierung schon von alleine, daß er damit nicht im Sinne Büchners zum archimedischen Punkt eines konsequenten und radikalen Nihilismus kommen konnte. Die Pointe ist dabei: Es bedarf gar keiner Ethik des Pessimismus. Man sollte aber nicht auf die Trivialität eines Denkens wie des Hartmannschen pochen. Die Sublimität Nietzsches und Kafkas hat am Ende den Schmerzbegriff auch funktionalisiert: entweder als Quelle des intellektuellen Vermögens des »großen Verdachts« oder als Zeichen der künstlerischen Identität.

So bleibt die Ethik immer apriori gesichert, weil man sich des Himmelreichs im Begriff des Leids versichert hat. Das heißt, sie stellt gar kein Problem dar. Ganz anders jedoch stellt sich die Frage, wenn man, Vorstellungen des poetischen Nihilismus inne seiend, sich fragt, was Nietzsche anläßlich von Tassos Abschiedsschmerz fragte: »wie soll man weiterleben, ohne wahnsinnig zu werden!« Denn der Kern des poetischen Nihilismus – damit komme ich zu seiner heißen Zone – ist ja nichts anderes als der Gedanke des Abschieds von uns selbst! Wohlverstanden nicht als Abschied von der Welt, wie es pietistisch-romantisch so schön heißt. Das setzte voraus, daß es sich um eine Bewegung innerhalb von Entitäten handelt. Man geht woanders hin: Das eine bleibt, das andere kommt. Hier aber bleibt nichts übrig. Es geht ja nicht um Pilgrims Progress, sondern, will man in einem anderen Bilde bleiben, um das absehbare Hinabstürzen eines Kahns über die Wasserfälle, deren dünne Linie am Horizont des Blicks immer schon deutlich wird, ohne daß der Insasse des Kahns jemals wieder gefunden würde. Es ist deshalb kein Abschied von anderen, sondern ein Abschied von uns selbst, weil wir von dem einen Augenblick zum anderen »nur noch Vergangenheit und in keiner Weise mehr Zukunft sind«.[8] Das ist der Kern von Baudelaires melancholisch-poetischem System gewesen, der in der Subjektivität des Abschieds auch die Objektivität der Welt zum Verschwinden brachte. Die philosophische Ethik, die auf diese desaströse, grauenhafte Einsicht folgt, lautet in den Worten von Theunissen: »Menschlich leben wir dann und nur dann, wenn wir abschiedlich leben, und das heißt: wenn wir uns ständig von der Welt und von uns selbst abscheiden.« Bei Rilke heißt es am Ende der achten *Duineser Elegie:* »Wer hat uns also umgedreht, daß wir, / was wir auch tun, in jener

[8] Michael Theunissen, *Negative Theologie der Zeit.* Frankfurt: Suhrkamp 1992.

Haltung sind / von einem, welcher fortgeht? Wie er auf / dem letzten Hügel, der ihm ganz sein Tal / noch einmal zeigt, sich wendet, anhält, weilt –, / so leben wir und nehmen immer Abschied.« Beide, die Sätze des Philosophen und die des Dichters, sind von großer Tröstlichkeit. Eine nihilistische Ethik kann daraus aber nichts gewinnen, sie kann ihnen nicht folgen. Denn sie akzeptiert nicht den Begriffstrick der Philosophie, Leben als Abschied zu definieren, sondern besteht auf dem nicht übersteigbaren Widerspruch beider Begriffe, nämlich als Präsens und Nichtpräsens.

Deshalb ist die erste Antwort auf die Frage nach einer Ethik des Nihilismus: eine theoretische Antwort darauf gibt es gar nicht. Dies zeigt sich auch daran, daß unsere Beispielträger eines poetischen Nihilismus, sofern sie sich theoretisch verhalten, immer wieder zu einer Consolatio neigen, die ihrer poetischen Vorstellung widersprach. Es gibt aber eine praktische Antwort: Erst indem man allen Trostes bar zu leben gezwungen ist, wird das besonnene, vernünftige und moralische Verhalten zum Prinzip ohne Grund. Den Begründungsmöglichkeiten ohne Letztgrund ist damit eine besondere Variante hinzugefügt, die aber außerhalb unseres Themas liegt. Falsch wäre auch der billige Ausweg des Absurden: Ich lebe ruhig, obwohl ich allen Anlaß hätte, zu schreien.

Warum exerziere ich ein Prinzip ohne Grund? Zunächst einmal aus Selbstliebe: um nicht melancholisch zu werden im Sinne des klinischen Befunds werde ich das Wissen um die theoretische Begründbarkeit eines poetischen Nihilismus nicht in meine Alltagsmentalität umschlagen lassen. Dabei hilft die Tatsächlichkeit meiner niederen und höheren Sinnesorgane: Sie verhelfen mir zwar nicht zur Sinnverleihung gegenüber dem Erlebten, lassen das Erlebte aber als Ablenkung von meinem besseren Wissen, eben dem poetischen Nihilismus, fungieren. Die Summe meines Kurzzeitgedächtnisses überwindet mein Langzeitgedächtnis. Man könnte diese Möglichkeit auch andersherum, quasi pragmatisch-epikureisch formulieren: Ich lasse mir das Erlebte nicht über höhere negative oder positive Sinnordnungen entstellen und erlebe es »ohne Sinn«, jedenfalls ohne teleologisch-finalen Sinn. Diesem trotz allem resignativen Argument stellt sich allerdings der Schmerzbegriff entgegen. Wenn es denn dieser ist, nach dem mein Leben und meines Lebens allerletzte Aussicht auf die Scheitellinie des mich atomisierenden Wasserfalls geordnet ist, wie dann die Möglichkeit und, wenn diese gilt, sinnliche Ablenkung? Ist da nicht der Schmerzbegriff doch widerlegt? Auch der Epikurismus kam ohne Seele aus. Er zog daraus allerdings nicht die Konsequenz des poetischen Nihilismus. Er konnte sie aus verschiedenen Gründen, denen ich nicht nachgehe, nicht ziehen. Wenn seine Pragmatik aber bei einer Ethik des Nihilismus helfen kann, dann allein aus der Einsicht unserer alltäglichen Erfahrung, die man als Umkehrung von Jesus' Satz definieren könnte: Eine kleine Weile, und ich werde nicht mehr da sein, aber eine kleine Weile werde ich da sein. Der poetische Nihilist ist praktisch in der Lage, die kleine Weile zu leben, ohne auf die große Weile hoffen zu dürfen. Jedenfalls kann das epikureische Argument der Ethik des poetischen Nihilismus besser helfen als das stoische, denn die stoische Gelassenheit gegenüber dem Schicksal beruht auf einer metaphysischen Voraussetzung, die hier ja gerade als ausgeschlossen gilt. Ist das die Lösung des Zynismus, der sich ja wohl mit dem Epikurismus als auch dem Stoizismus im Gelassenheitsmotiv berührt? Nur insofern, als es um die Negation metaphysisch-politischer Ideen geht. Ansonsten aber basiert die zynische Lehre ja auf einem extremen zivilisationsfeindlichen Moralismus, zu dem der poetische Nihilismus, und also auch die ihm folgende Ethik, im absoluten Gegensatz steht. Die Ethiken dieser klassisch-helenistischen Philosophen sind also nur als ergänzender Hinweis zu unserer ersten Antwort zu werten.

Eine zweite noch pragmatischere, abschließende mag folgen. Ethik entspringt hier der Haltung des Nihilisten, der sich die aufdringende anarchische Destruktion verbietet; der ohne jede Aussicht auf Sinngebung des Staates (was für einen Sinn hätte dieser denn angesichts unseres oben beschriebenen Modus als Tote im Leben? und was ist die Wissenschaft von ihm denn gegenüber einer Wissenschaft vom Tode?) als sinnvoller Zeitgenosse seiner Zeit zu leben bereit ist. Als die kommunistischen Systeme zusammenbrachen, da standen ihre Intellektuellen vor allem vor einem Problem: ohne die Gewißheiten Hegels nunmehr ohne Gewißheit politisch zu existieren. Dieses Abbrechen ehemaligen Glaubens heißt noch nicht die Herankunft des konsequenten Nihilismus, geschweige dessen poetischer Essenz. Aber sie ist die Voraussetzung für die radikalisierte Form des Sinnverlustes: Die ethische Praxis des konsequenten Nihilismus ist eine Bewährungsprobe für jene ironische Haltung, die liberale Philosophen wie Richard Rorty gegen die Philosophie empfohlen haben: »Daß die obersten Werte sich entwerten«. Diese Setzung Nietzsches hat den Nachteil, daß er dafür neue oberste Werte setzte. Ihm fehlte die Skepsis Montaignes, dessen ausschließliche Augenblicksgewißheit im deutschen Idealismus ausgelöscht worden war: Nihilismus, Pragmatismus, Skepsis. Soll so dem ersten Begriff doch eine Brücke im Wohnzimmer, wo sich's leben läßt, gebaut werden? Ist die Ethik des konsequenten Nihilismus, pragmatisch und skeptisch zu sein, also nichts anderes als die Qualität, die auch von einem intelligenten zeitgenössischen Industriemanager verlangt wird? Der Unterschied zwischen dem Nihilisten, den wir noch suchen, und dem Manager, den wir schon haben, liegt darin, daß letzterer von der Skepsis seines Pragmatismus nicht abgehalten wird, im übrigen an das Himmelreich zu glauben, ja gerade als Pragmatiker des Himmelreichs teilhaftig zu werden. Er ist Teleologe. Montaigne schrieb: »Ich registriere und studiere nur, was in mir vorgeht.« Der poetische Nihilismus beruht auf der Nichthintergehbarkeit dieses skeptischen Subjektiven oder dieser subjektiven Skepsis.

Hauke Brunkhorst

Im Licht dialogischer Wahrheit

Rorty, Putnam und die Frankfurter Schule

Gewöhnlich werden Kritische Theorie und Pragmatismus als konkurrierende Schulen der Gegenwartsphilosophie angesehen. Diesen Eindruck findet bestätigt, wer sich an die seit Ende der dreißiger Jahre immer heftiger werdende Polemik Max Horkheimers und Herbert Marcuses hält. Horkheimer und Marcuse schlagen den Pragmatismus ohne viel Federlesen dem Positivismus zu und identifizieren dieses Denken mit »instrumenteller Vernunft« oder »technologischer Rationalität«. Theodor W. Adornos vereinzelte Stellungnahmen, insbesondere zu Deweys ästhetischem Experimentalismus, sind zwar differenzierter, aber insgesamt ist die Polemik höchst einseitig und die Rezeption überaus selektiv und oberflächlich. Hinzu kommt, daß Horkheimer seit seiner Arbeit *Zur Kritik der instrumentellen Vernunft* (1947 unter dem Titel *Eclipse of Reason* erschienen, im selben Jahr wie die *Dialektik der Aufklärung*) eine massive konservative Kehre in seinem Denken vollzogen hat. Er hat, ganz anders als sein Mitstreiter Adorno, zunächst stillschweigend und je älter er wurde, desto deutlicher die Metaphysik nostalgisch verklärt und unter dem Titel einer »objektiven Vernunft« rehabilitiert.

Die eigentlich produktive und originelle Leistung Horkheimers besteht jedoch in den Arbeiten und Essays aus den frühen und mittleren dreißiger Jahren, in denen er als Direktor des Instituts für Sozialforschung energisch das neomarxistische Programm einer Kritischen Theorie der Gesellschaft entwickelt und in die wissenschaftliche Praxis umgesetzt hat. Dieses Programm ähnelt in vielen Zügen dem amerikanischen Pragmatismus, auch wenn damals noch kaum jemand aus Horkheimers Umkreis etwas davon bemerkt oder gar den Pragmatismus studiert hätte. Als Adornos Schüler Jürgen Habermas in den sechziger und siebziger Jahren auf die frühe Kritische Theorie zurückkam, hatte er bereits (gemeinsam mit Karl-Otto Apel) das Versäumte nachgeholt, die amerikanischen Pragmatisten intensiv gelesen und die Ähnlichkeiten mit dem eigenen neomarxistischen Denkansatz wahrgenommen. Durch die seit den frühen achtziger Jahren bis heute andauernde, zum Teil heftige Kontroverse zwischen den Erben von Kritischer Theorie und Pragmatismus sind diese Gemeinsamkeiten zwar verdeckt worden, aber nicht verschwunden.

Gemeinsam ist beiden Schulen vor allem die Ablehnung der griechisch bestimmten Metaphysik, die beide als eine Verdinglichung praktischer Lebenszusammenhänge und als eine Technik ideologischer Herrschaftsstabilisierung kritisieren. Grundlage dieser Kritik ist die Ablehnung der Korrespondenztheorie der Wahrheit, an deren Stelle ein praxisbezogenes, dialogisches Wahrheitsverständnis tritt. Der frühe Horkheimer, der Ästhetiker Adorno und der Gesellschaftstheoretiker Habermas sitzen mit John Dewey und Richard Rorty im selben Boot, wenn es um die Verteidigung der normativen Errungenschaften der Moderne gegen die mittlerweile Zeitgeist gewordene pauschale Denunziation des 20. Jahrhunderts geht. Aus dessen Grauen sollte jedoch nicht der falsche Schluß gezogen werden, das Projekt der Aufklärung sei zum Scheitern verurteilt. In seinem Aufsatz *Human Rights, Rationality and Sensibility* schreibt Rorty: »Es schmälert das Gedenken an den Holocaust keineswegs, wenn man sagt, auf den Holocaust sollten wir nicht mit der Behauptung reagieren, wir seien zu einer neuen Auffassung der Natur oder der Geschichte des Menschen gelangt, sondern mit der Bereitschaft, uns hochzurappeln und es noch einmal zu versuchen.« In dem Bewußtsein, daß wir zu dem höchst fragilen und riskanten Versuch, die Aufklärungsutopie zu verwirklichen, keine vernünftige, brauchbare Alternative haben, besteht die Einheit von Pragmatismus und Kritischer Theorie.

I

Der Generaleinwand der älteren Kritischen Theorie Horkheimers und Adornos gegen das europäische Denken von Platon bis Hegel lautet, es stünde im »Dienst der Verklärung«. Das wirkliche Leid der Geschichte und der »ganz im Ernst vergänglichen Individuen« (Horkheimer) werde von der Metaphysik zu etwas Unwesentlichem und Akzidentiellem herabgesetzt, das der höheren Wahrheit des Ganzen und dem letzten Sinn der geschichtlichen Totalität nichts anhaben könne. Die Metaphysik, die Adorno auch »identifizierendes Denken« nennt, verkläre die Verhältnisse, erpresse Versöhnung und versorge die Nutznießer des Bestehenden mit einem guten Gewissen. Verdrängt werde die Möglichkeit, Differenzen, Alternativen, Utopien zu Wort und zum Ausdruck kommen zu lassen. Metaphysik, identifizierendes Denken und instrumentelle Vernunft ziehen – zumal sie oft genug mit der jeweiligen Herrschaftsordnung im Bunde sind – dem Gemeinwesen enge Grenzen, so daß es die Fähigkeit verliert, »auf Außenseiter zu hören, die leiden« oder »auf Außenseiter, die neue Ideen haben«, wie Rorty in *Objectivity, Relativism and Truth* schreibt. Das kommt den beiden zentralen, gegen die Metaphysik gerichteten Bedeutungskomponenten von Adornos Begriff des Nichtidentischen recht nahe: Einerseits ist das »Nichtidentische« ein Ausdruck, der für das Leiden des Partikularen, des aus dem Allgemeinen repressiv Ausgeschlossenen steht, andererseits verweist die Rede vom »Nichtidentischen« auf die Utopie des Neuen, das in den etablierten Diskursen ohne Ort geblieben ist.

Durch eine ideologiekritische Neubeschreibung der Philosophiegeschichte versucht Horkheimer die latenten Voraussetzungen hinter den vorgeblich zeit- und voraussetzungslosen Bedingungen der Möglichkeit unseres Wissens freizulegen. Indem die Ideologiekritik sichtbar macht, was dem transzendentalen Subjekt entgeht, widerlegt sie dessen Vermutung, sich selbst ganz und gar durchsichtig zu sein. Der interessenlose Blick von nirgendwo ist tatsächlich auch nur ein höchst interessierter Blick von irgendwo. Nicht anders als Dewey polemisiert der junge Horkheimer immer wieder gegen das reaktionäre Bündnis von »optimistischer Metaphysik« und »sozialem Pessimismus«. Und der junge Habermas wird ihm rund dreißig Jahre später mit der entschlossenen Verteidigung des »pädagogischen Optimismus« vor dem Gericht der »pessimistischen Anthropologie« Schelskys und Gehlens folgen.

Was Horkheimer und Adorno so vehement kritisieren, ist die Idee einer letzten, »abschließenden« Wahrheit, und wie die Pragmatisten weisen sie damit jeden Begriff einer vom Zusammenhang lebensweltlicher Praxis abgelösten Theorie zurück. Die Theorie verhält sich nicht so zur Wirklichkeit wie das Abbild zum Original. Den Gottesgesichtspunkt, von dem aus sich die Wirklichkeit als das darbietet, was sie laut Hegel »ist und ewig ist«, kann keine Theorie und keine Wissenschaft beziehen. Die optische Metapher wird zum negativen Bild, zum Warnsignal für einen Weg, der in die Irre führt.

Die innere Nähe der antiphilosophischen Ideologiekritik des jungen Horkheimer zu Dewey, dem frühen Heidegger und dem späten Wittgenstein ergibt sich aus der allen gemeinsamen Ablehnung des Dualismus. Kooperative Praxis, die Zuhandenheit des »In-der-Welt-seins« und die Vernetzung von Denken und Lebensform im »Sprachspiel« führen zu einer radikalen Überwindung und Relativierung aller Rangordnungen, die das ontologische und erkenntnistheoretische Denken seit Platon aufgestellt hat. Es war, so argumentiert Horkheimer, *die* Illusion der Metaphysik, zu glauben, Logos und Geist gehörten einer theoretisch erkennbaren und von Praxis und Empirie getrennten, höheren Sphäre an. Wie der junge Horkheimer in der *Zeitschrift für Sozialforschung* schreibt, ist »die Zerteilung der Welt in zwei voneinander unabhängige Reiche«, ist die »cartesische Isolierung der geistigen Substanz von aller räumlichen Wirklichkeit«, ist der »Dualismus von Denken und Sein, Verstand und Wahrnehmung« das unheilbare Grundübel des philosophischen Denkens. Was er ablehnt, ist »die Herabsetzung der erkannten Welt zu einem nur Äußeren«.

Genau das lehnen aber auch die Pragmatisten ab. Wenn William James oder John Dewey das kontemplative Darstellungsmodell der Wahrheit zurückweisen, dann tun sie das vor allem, um – wie Rorty 1982 in *Pragmatism, Relativism and Irrationalism* betont – die hierarchischen Schranken, die das alteuropäische Denken »zwischen Vernunft und Verlangen, Vernunft und Neigung, Vernunft und Wille« errichtet hat, zu überwinden. Für Marx und Horkheimer wie für Dewey und Rorty sind unsere vernünftigen Überzeugungen Überzeugungen, die durch die gesellschaftlichen Verhältnisse, auf die sie sich beziehen, verursacht sind. Die Pragmatisten lehnen es ebenso wie die Neomarxisten der Frankfurter Schule ab, für rationale Überzeugungen eine höhere Sphäre des Göttlichen zu reservieren, um sie hochmütig den bloß tierischen, sozial verursachten Überzeugungen entgegenzusetzen. Alle unsere Überzeugungen, die wahren wie die falschen, sind sozial verursacht.

In bezug auf moralische Überzeugungen favorisiert Horkheimer überdies den Standpunkt des Gefühls, das ihm wichtiger ist als die moralische Erkenntnis, die Platon und Kant vorgezogen hatten. Horkheimer bezweifelt in dem zu Beginn der dreißiger Jahre erschienenen Aufsatz über *Materialismus und Moral* den praktischen Sinn eines universellen moralischen Standpunkts.

Er glaubt nicht, man könne sich »aus dem gegenwärtigen Augenblick hinaus und ganz im Ernst in jeden Beliebigen hineinversetzen«. Die Pointe von Horkheimers erkenntnistheoretisch motivierter Skepsis ist, daß diese einer Erweiterung der menschlichen Solidarität mit allen leidenden Wesen zugute kommen soll. Wo die Pragmatisten sich auf Darwin berufen, da beruft Horkheimer sich auf Schopenhauer und Freud: »Wir sehen die Menschen nicht als Subjekte ihres Schicksals, sondern als Objekte eines blinden Naturgeschehens, und die Antwort des moralischen Gefühls darauf ist Mitleid«. Deshalb können wir, ohne einen Standpunkt außerhalb der Gemeinschaft beziehen zu müssen, unsere Gefühle der Solidarität über alle bestehenden Grenzen hinaus erweitern: »Die größeren Gaben des Menschen, vor allem die Vernunft, heben die Gemeinschaft, die er mit den Tieren fühlt, durchaus nicht auf. Die Züge des Menschen haben zwar eine besondere Prägung, aber die Verwandtschaft seines Glücks und Elends mit dem Leben der Tiere ist offenbar«.

Aus Heidegger und Marx entwickelt Horkheimer ein ähnliches Verständnis von Praxis wie die ihm damals noch ziemlich unbekannten Philosophen jenseits des Atlantiks, die er, als er sie schließlich kennenlernte, ganz zu Unrecht als Empiristen und Positivisten beschimpft hat. Die »Wahrheit«, schreibt er 1937 in dem programmatischen Essay *Traditionelle und kritische Theorie,* »ist Moment der richtigen Praxis«. Wahrheit ist für Horkheimer wesentlich praktischer Natur. Wie im jüdischen Monotheismus tritt *Ethik* an die Stelle der das heidnische Denken der alten Griechen und Ägypter bestimmenden *Ontologie.* Kritische Theorie, die den Dualismus von Denken und Sein überwindet, ist »kritisches Verhalten«, das einem praktischen »Existenzialurteil« folgt und »auf die gegenwärtige Situation« und ihre Veränderung bezogen bleibt. Horkheimers Antiplatonismus ist wie derjenige Deweys vor allem sozial und ethisch motiviert. Ausdrücklich lobt er am pragmatistischen Begriff der »Bewährung« den antielitären Zug. »Seine kritische Bedeutung gegenüber der Annahme einer transzendenten übermenschlichen Wahrheit, die, anstatt der Erfahrung und Praxis grundsätzlich zugänglich zu sein, der Offenbarung und Einsicht von Auserwählten vorbehalten bliebe, macht ihn zur Waffe gegenüber jeder Art von Mystizismus.«

Kritische Theorie, das ist Heidegger ohne »Seinsgeschichte« und historisches Apriori, Marx ohne geschichtsphilosophische Zuversicht. Kritische Theorie, das ist zunächst das Programm einer Fortsetzung der nominalistischen Verdinglichungskritik, die sich nicht nur mit Ockham, Kant, Marx und dem jüdischen Denken, sondern auch mit dem Postempirismus Quines und dessen Kritik an der »reification of universals«, an der Verdinglichung der Allgemeinbegriffe, überlappt.

Die permanente Polemik von Habermas, Horkheimer und Adorno gegen alle Arten des Ursprungsdenkens und des idealistischen Wahrheitsabsolutismus sind Teil einer umfassenden, Politik und Gesellschaft übergreifenden Verdinglichungskritik. Radikalisierte Verdinglichungskritik ist auch das Motiv für Adornos Verlangen: »Äußerste Treue zum Bilderverbot, weit über das hinaus, was es einmal an Ort und Stelle meinte.« *(Vernunft und Offenbarung)* Und an Ort und Stelle, bei Jesaja, ist das dem griechischen Denken völlig fremde Argument in dem einen Satz zusammengefaßt: »Wer sich einen Gott macht und sich ein Götterbild gießt, hat keinen Nutzen davon« (Jesaja 44,10). Genau diesen Spuren Jesajas folgt auch Rorty, wenn er den Philosophen, die vor »such things« wie »the truth of man« in die Knie gehen, immer wieder die Frage stellt: »What use is it?« Die prophetische Aufklärung ist die gemeinsame Quelle, aus der sich die Metaphysikkritik von Adorno, Horkheimer, Habermas, Putnam und Rorty speist. Der Götze, so Jesaja, ist nur ein Ding, ein Holzklotz. Der eine Teil ist nützlich, er »wärmt« die Menschen und »röstet« den »Braten«, der andere, aus denen das Götterbild geschnitzt ist, aber ist ohne praktischen Wert. Die Götzenbilder, so Jeremias, »sind nur Holz, das man im Wald schlägt«.

Rorty macht nichts anderes, als diese Rhetorik auf die Philosophie anzuwenden. Im *Journal of Philosophy* (Nr. 9, 1993) schreibt er: »Wenn wir gehen und von einem Ort zum nächsten ziehen, so tun das auch unsere Normen und Standards rationaler Akzeptierbarkeit. Geht auch die Wahrheit mit uns mit? Nein, die Wahrheit kommt von nirgendwo und geht nirgends hin. Sie ist nicht etwa deshalb so unbeweglich, weil sie eine außerhalb der Zeit existierende Sache wäre, sondern weil sie überhaupt keine Sache ist. Das Wort ›wahr‹, so wie es die Metaphysik verwendet, ist nichts als die Verdinglichung eines bestätigenden, einer treffenden Aussage Beifall spendenden und ansonsten undefinierbaren Adjektivs.«

Für Pragmatisten ist es nicht besonders schwierig, in den Propheten des Alten Testaments Leute zu sehen, die zum ersten Mal in der Geschichte die egalitäre Sprache einer demokratischen Moral ausprobiert haben. Dieser Egalitarismus verbindet die Metaphysikkritik von James und Dewey mit der Befreiungstheologie einerseits und Neomarxisten wie Horkheimer oder Habermas andererseits.[1] Zwar empfiehlt Rorty gelegentlich, das Andenken Platons als eines politischen Utopikers zu bewahren und dessen reaktionäre Metaphysik zu vergessen, aber auch wenn es zutrifft, daß Platon eine neuartige Idee der Gerechtigkeit entwickelt hat, so bleibt seine Utopie doch auf eine gerechte Republik beschränkt, die sich in einer Welt von Feinden in immer neuen Kriegen behaupten muß. Der heidnische Idealstaat impliziert die Verewigung des Krieges, der Knechtschaft und der sozialen Hierarchie. Das ist für Pragmatisten ebenso unakzeptabel wie für die Frankfurter Schule. Das soziale Ideal der Propheten hingegen ist die Utopie des ewigen Friedens. Außerdem enthält das Buch Exodus der Bibel eine revolutionäre Moral für Sklaven, die sich aus Elend und Unrecht befreien wollen, während die griechische Ethik letztlich immer eine Herrenmoral für begüterte, männliche Tugendrepublikaner geblieben ist. Schließlich kennen die Propheten keine grundlegende soziale Differenz, die Erkenntnis und Meinung wie zwei Welten voneinander trennte: Zum Wissen um das Gute und zum Verstehen der biblischen Botschaft gibt es keinen privilegierten Zugang.

---

[1] Vgl. das Plädoyer von Cornel West für einen »prophetic pragmatism«, der als Antwort auf die Krise der Linken verstanden werden soll: *The American Evasion of Philosophy.* Madison: University of Wisconsin Press 1989.

II

Was Kritische Theorie und Pragmatismus vom biblischen Denken trennt, ist die Überzeugung, daß das Projekt der Moderne sich selbst tragen kann und muß und daß es eine Moral und einen moralischen Fortschritt auch ohne Gott gibt. Zumindest methodisch sind der frühe Horkheimer, Adorno, Dewey, Putnam, Habermas und Rorty Atheisten. Habermas spricht deshalb auch von »methodischem Atheismus«. Das Projekt der Moderne läßt – so Rorty in *Kontingenz, Ironie und Solidarität* – »keinen Raum für die Vorstellung, es gebe nicht-menschliche Kräfte, denen die Menschen verantwortlich sein sollten«. Wie Sartre ersetzen die Pragmatisten und die Frankfurter Schule die griechische Vorstellung von einem unveränderlichen menschlichen *Wesen* durch die Vorstellung eines praktischen *Projekts*. Aus diesem Grund wehrt sich Habermas, je älter er wird, desto polemischer gegen jeden Versuch, die Kritische Theorie in einer Anthropologie zu verankern. Horkheimer, Adorno und Habermas teilen Rortys Behauptung, »das Wort ›Mensch‹ benenne nichts Wesenhaftes, sondern ein verschwommenes, aber verheißungsvolles Projekt« *(Hoffnung statt Erkenntnis)*.

Nicht auf die Ewigkeit, sondern auf die Zukunft ist der Blick dieser Intellektuellen gerichtet. »Alle Energien«, schreibt Horkheimer 1934 in der *Zeitschrift für Sozialforschung*, »auch noch die verzweifeltsten, lenkt (der Materialismus) auf das Diesseits und setzt freilich damit den einzigen Glauben, den (er) zuläßt, die Hoffnung auf die irdischen Möglichkeiten des Menschen, der Enttäuschung aus.« Während Horkheimer am Ende seines Lebens jedoch zwischen Verzweiflung und dem Rückfall auf Positionen einer »objektiven Vernunft« schwankt und Adorno solchen Rückfall nur dadurch vermeiden kann, daß er die Metaphysikkritik in die Aporien seiner negativen Dialektik treibt, haben Rorty, Putnam, Apel und Habermas unterschiedliche Versionen einer *dialogischen Wahrheitstheorie* entwickelt.

Apels und Habermas' Konsensustheorie, Putnams Akzeptabilitätstheorie und Rortys Publikumstheorie der Wahrheit rücken den normativen und ethischen Gebrauch, den wir vom Wahrheitsprädikat machen, ins Zentrum ihres Interesses. Der Pragmatismus hat einen Gedanken, der sich schon in Kants *Kritik der reinen Vernunft* findet, dort jedoch ohne Folgen für die transzendentale Bewußtseinstheorie geblieben ist, ausbuchstabiert. Kant hatte ausgeführt, das Vetorecht des Bürgers auf Kritik sei konstitutiv für eine Wissenschaft ohne Dogma. Und die Gründer des amerikanischen Pragmatismus haben immer wieder gezeigt, wie die Logik der Forschung *intern* mit der Idee einer demokratischen Öffentlichkeit verbunden ist, ein Gedanke, den Habermas und Apel früh aufgenommen und für eine Kritik an autoritären Strukturen der deutschen Universität stark gemacht haben. Das entspricht Rortys These, die gesellschaftliche Relevanz der Wissenschaft bestehe vor allem in einer exemplarischen Verwirklichung demokratischer Tugenden. Und Hilary Putnam behauptet im Anschluß an Dewey, die moderne Wissenschaft erfordere die Demokratisierung der Forschung.

»Wahrheit« ist für Putnam »die Richtigkeit des Gesagten« und deshalb

»ein normativer Begriff«. Das ist Putnams zentraler Einwand gegen den metaphysischen Realismus, der unter »Wahrheit« die Angemessenheit unserer Rede oder unseres Denkens an das, was die Dinge an sich sind, versteht. Wahrheit sollte jedoch primär als ein Modus der Bewertung dessen, was andere sagen, verstanden werden. Zwar ist es harmlos, zu behaupten, eine Theorie oder ein Denken befinde sich in Übereinstimmung mit den Tatsachen oder der Welt, wie sie ist. Aber das können wir nicht durch einen Vergleich der Theorie mit der Welt herausfinden. Der einzige mögliche Test der Wahrheit eines Denkens besteht nicht in der Konfrontation mit der Welt, sondern in der Konfrontation mit dem Kritiker.

Mit Rorty kann man die bindende Kraft der Wahrheit darin sehen, daß es einfach keinen Sinn macht, »eine Meinung, die alle Einwände überlebt«, für falsch zu halten. Die normative Kraft der Wahrheit besteht in der Einhaltung derjenigen Verteidigungspflichten, die man übernimmt, wenn man öffentlich etwas behauptet: »Wenn eine Aussage jeder Kritik, die in einen gegebenen Kontext paßt, standhält, dann mag das genug der Wahrheit sein«, so Hilary Putnam in einem 1989 publizierten Aufsatz über William James. Von Charles S. Peirce bis Donald Davidson ist Wahrheit zuallererst täuschungsfeste, intersubjektive Zuverlässigkeit.

Auch für Apel und Habermas ist Wahrheit ein Anspruch auf Geltung, mit dem wir uns verpflichten, unsere Behauptungen gegen die Einwände anderer auch morgen noch zu verteidigen. »Wahr« verwenden wir nur in Situationen, in denen wir es mit ernsthaften Sprechhandlungen zu tun haben. Weder für Putnam noch für Habermas gibt es Kriterien der Wahrheit, die unserem praktischen, geschichtlich lokalisierbaren Denken und Handeln äußerlich vorgegeben wären. Und beide pflichten Rorty bei, daß sich auch tief drinnen im Subjekt keine Wahrheit zu erkennen gibt. Es gibt keinen geheimnisvollen Mechanismus, kein Fundament *(subjectum)* im Innern des Bewußtseins, das alle Leute, und das sind mittlerweile fünf Milliarden, unter geeigneten Umständen dasselbe erkennen läßt.

Ob wir einer Behauptung zustimmen können, hängt davon ab, ob sie wahr ist. Rorty in *Universality and Truth:* »Ohne Wahrheit gibt es keine Möglichkeit, zu einem Konsens zu gelangen.« Jeder faktische Konsens muß sich Einwänden, die im *Zweifelsfall* seine Wahrheit oder Falschheit erweisen müssen, aussetzen. Insofern ist »Wahrheit« unabhängig von jeder tatsächlich erzielten Übereinstimmung. Deshalb besteht der praktische Sinn von »wahr« in der Warnung, Wahrheit niemals mit einem faktisch hergestellten Einverständnis zu verwechseln. Aber es gilt auch umgekehrt, daß eine von lokalisierbaren Kontexten, in denen wir einer Äußerung beipflichten, getrennte Wahrheit ohne praktische Bedeutung ist. »Es gibt keine Wahrheit ohne Konsens.« Die Wahrheit hat einen Ort in der Welt, und dieser Ort ist das öffentliche Forum, auf dem sie jeweils zur Debatte steht. Wir sollten jedoch vorsichtig sein, wenn wir ernsthaft etwas behaupten: Unsere Gründe müssen nicht gut genug sein, um bis in alle Ewigkeit das Ewige *darzustellen,* aber gut genug, um auch in einer unbestimmten, aber vorstellbaren Zukunft allen Einwänden eines realen Publikums *standhalten* zu können.

Man sollte freilich die Spannung zwischen dem faktischen und dem kontrafaktischen Sinn von »wahr« nicht voreilig nivellieren, wozu Rorty neigt. Während nämlich der Beifall, den wir einer Äußerung spenden, wenn wir hervorheben, sie sei wahr, auf den lokalen Kontext beschränkt bleibt und mit dem Applaus verebbt, geht der warnende Gebrauch von »wahr« über den bloß faktischen Kontext hinaus, um mögliche Einwände, die andernorts und zu einer anderen Zeit erhoben werden *könnten,* in Rechnung zu stellen. Erst der warnende Gebrauch wird dem kontrafaktischen Moment im Sinn von »wahr«, daß etwas nicht gestern wahr sein konnte, was heute falsch ist, gerecht. Durch die Möglichkeit der Negation, die wir immer nur in lokalen, praktischen Akten der Kritik realisieren können, sind wir imstande, jeden lokalen Kontext zu sprengen oder zu überschreiten, ohne doch einen Ort außerhalb von Zeit und Zufall postulieren zu müssen. Pragmatismus und Kritische Theorie sind negativistische Philosophien.

Sieht man einmal von den Unterschieden zwischen Habermas, Putnam und Rorty ab, so fällt die Nähe ihres dialogischen zum biblischen Wahrheitsverständnis sofort ins Auge. Wenn Tertullian zweihundert Jahre nach Beginn unserer Zeitrechnung mahnt, Jesus habe gesagt, »Ich bin die Wahrheit und nicht, ich bin die Gewohnheit«, dann macht er einen normativen Gebrauch des Wortes »wahr«, der den Griechen als »Torheit« erscheinen mußte. Im Teufel, sagt Jesus, »ist keine Wahrheit«, auf ihn ist kein Verlaß, denn er »ist ein Lügner«. Wer hingegen auf Jesus »hört« und sein Wort »versteht«, den wird die »Wahrheit«, die auch Jesus seinerseits von Gott »gehört« hat, »befreien« (Johannes 8,31ff.). Es ist exakt dieses Wahrheitsverständnis, das John Dewey immer wieder gegen die elitäre Korrespondenztheorie des erkennenden Auges stark macht. »Truth« ist für Dewey ebenso eng mit »a true public« verbunden wie »logic« mit »dialog«. »Die Verbindungen des Ohres mit lebendig fortschreitendem Denken und Fühlen sind unendlich viel enger und differenzierter als diejenigen des Auges. Der Blick ist passiver Betrachter, Hören hingegen heißt aktiv partizipieren«, schreibt Dewey in *The Public and its Problems.* Für Dewey ist das Auge deshalb das Zentralorgan einer elitären Aristokratie, während das Ohr das eigentliche Medium der egalitären Demokratie ist.

Das hebräische Wort für Wahrheit »ehmet« bedeutet unter anderem »Treue«, »Vertrauen«, aber es drückt keinerlei Adäquation mit nichtsprachlichen Dingen aus. »Biblische Wahrheit«, so Barry Allen in der *Deutschen Zeitschrift für Philosophie* (Nr. 6, 1994), »erfordert keine mimetische Beziehung zu den ›Dingen‹, sondern eine dialogische Richtigkeit in den Beziehungen mit anderen.« Die Bibel versteht unter Wahrheit durchgängig Formen täuschungsfreien Redens. »Ein wahrhaftiger Zeuge«, heißt es in den Sprüchen Salomons, »rettet das Leben, wer Lügen zuflüstert, der täuscht.« Immer geht es in der Bibel, so auch Jeremias, um »das wahre Wort«.

Weder die Frankfurter Konsensustheorie noch Putnams Akzeptabilitätstheorie oder Rortys Publikumstheorie identifizieren Wahrheit mit den faktischen, aktuellen Praktiken der Rechtfertigung von Behauptungen. Zur Wahrheit gehört eine bestimmte Form der *Idealisierung* dieser Praktiken. Für

Putnam ist Wahrheit »idealisierte rationale Akzeptierbarkeit«. Aber darunter dürfen wir uns keine *letzte* Begründung vorstellen, denn die würde jede Praxis transzendieren und müßte den aller Zeit enthobenen Gottesgesichtspunkt voraussetzen. Es handelt sich vielmehr um die *beste* Rechtfertigung, in der eine ideale Gemeinschaft von Kritikern übereinstimmen könnte. Das entspricht weitgehend dem Wahrheitsverständnis von Habermas. Wahr ist eine Aussage, wenn sie die Zustimmung einer idealen Kommunikationsgemeinschaft finden könnte. Aber auch die ideale Kommunikationsgemeinschaft ist – das ist die Pointe der Position, die Habermas (und hier trennt er sich von Apel) seit Mitte der achtziger Jahre verteidigt – eine lokale, raumzeitlich situierte Gemeinschaft von Kritikern. Es handelt sich ganz einfach um die faktischen Diskurse, von denen die Teilnehmer selbst voraussetzen, sie würden so verlaufen, wie sie verlaufen *sollten.* Wahrheit ist ideale Akzeptierbarkeit in einer idealen Gemeinschaft, das heißt in der die Dialogrollen chancengleich verteilt sind und kein äußerer oder innerer Zwang auf die Argumentierenden ausgeübt wird. Ihr können jederzeit neue Kritiker beitreten, und diese können sich in Zukunft, in neuer Zusammensetzung, wieder versammeln, um neue Gesichtspunkte, Einfälle und Erfahrungen zur Geltung zu bringen.

Da es sich aber stets um den Diskurs eines faktischen Publikums handelt, kann man jetzt mit Rorty auch sagen, wahr oder rational akzeptierbar sind Äußerungen für uns, wenn wir in unserer besten intersubjektiven Verfassung sind. Wenn Habermas auf realen Diskursen und Rorty darauf besteht, daß »idealisierte rationale Akzeptierbarkeit« keinen anderen Adressaten haben kann als »*us,* at our best«, dann bringen sie damit auch den Gesichtspunkt einer radikalen Neuinterpretation des biblisch-dialogischen Wahrheitsverständnisses zur Geltung: den einer dialogischen Wahrheit ohne Offenbarungsgewißheit. Auch darin entsprechen sie einem Diktum Adornos: »Äußerste Askese jeglichem Offenbarungsglauben gegenüber« bei gleichzeitig »äußerster Treue zum Bilderverbot«.

Das Projekt einer Verdinglichungskritik im Lichte dialogischer Wahrheit vereint Kritische Theorie und Pragmatismus. Und auch Vernunftskepsis und Vernunftrevisionismus schließen sich nicht wechselseitig aus. Vom Skeptiker kann der Revisionist weit mehr lernen als nur eine neue Technik, ihn zu widerlegen und auszugrenzen. Rorty erinnert die Revisionisten wie Putnam, Apel oder Habermas daran, daß aus einem dialogischen Wahrheitsverständnis und der menschlichen Fähigkeit zu argumentieren, nichts folgt, was dem Menschen eine privilegierte Stellung unter den Tieren oder der propositionalen Rede einen höheren Rang vor anderen komplexen Ausdrucksformen wie der Musik oder der Dichtung einräumen würde. Rorty liefert Argumente für die Bedenken, die Horkheimer oder Adorno gegen eine allzu idealistisch verstandene kommunikative Vernunft geltend machen könnten. Und außerdem erinnert er in *Eine Kultur ohne Zentrum* die Idealisierungstheoretiker der Wahrheit an die empirische Wahrheit der Evolutionstheorie, daß auch Vernunft und Wahrheit kein Letztes, kein zeitloses Apriori darstellen, sondern bloß ein Zufallsprodukt der Evolution sind – einer Evolution der

Kultur, die für Rorty nichts anderes ist als eine »Verlängerung der biologischen Evolution« und die »ebenso eines Telos ermangelt und unvorhersehbar wie diese ist«.

Rortys Polemik gegen eine kognitivistische Moralbegründung ist freilich überzogen und stellt selbst einen Rückfall in dualistisches Denken dar, indem sie die moralischen Gefühle aus dem Kontinuum, das sie mit wissenschaftlicher und kognitiver Erkenntnis zusammenführt, herauslöst. Moralische Empfindsamkeit ohne abstrakte moralische Einsicht und die ihr folgende kalte Distanz der Gleichbehandlung wäre nichts als pure Willkür und in der Folge solcher Willkür nur die Verlängerung von Grausamkeit. Wenn man es bei sentimentalen Geschichten beläßt, kommt man nicht weiter als jene Frau, von der Adorno berichtet. Sie habe nach einer Aufführung einer Theaterversion von Anne Franks Tagebuch gesagt: Aber *das* Mädchen hätte man doch wenigstens leben lassen sollen.

Ohne rationale Praktiken der Begründung in allen Bereichen, über die wir uns verständigen können, könnte es einen Pragmatismus, so wie Rorty ihn sich vorstellt, kaum geben. Besteht dieser Pragmatismus doch in nichts anderem als in dem Glauben, daß es – eben weil alles auch anders sein könnte – *keine* Probleme gibt, die nicht gelöst werden *könnten.* Und Probleme zu lösen, ist die einzige Funktion, die rationale Begründungen haben. Vielleicht kann diese wie jede andere Funktion des Lebens auch durch eine andere, bessere, leistungsfähigere ersetzt werden. Aber bisher hat niemand etwas besseres erfunden oder vorgeschlagen. Deshalb gilt bis auf weiteres: ohne Begründungspraxis keine Problemlösung. Lernprozesse dürfen nicht mit Manipulation gleichgesetzt werden. Vernunft ist die widerlegliche *Hoffnung,* daß es kein Problem gibt, mit dem wir nicht fertig werden könnten. In dieser Weise ist – auch wenn Rorty das bestreitet – Hoffnung intern mit Vernunft verbunden.

Das schafft Raum für eine realistische Utopie ohne Versöhnung. Wenn wir ethnozentrisch nur von unserer Perspektive – aber von »us at our best« – ausgehen und mit Rorty dem praktischen Impuls folgen, »die Reichweite des Wortes ›wir‹ so weit es geht auszudehnen«, dann sollte es uns in der Tat leichtfallen, alle Versuche, »der Zeit zu entrinnen«, aufzugeben. Im warnenden, negativen Gebrauch des Wahrheitsprädikats können wir *in* der Zeit ihre jeweiligen Horizonte überschreiten. Wir können deshalb mit Rorty das »ganz Andere«, von dem Adorno, Horkheimer und Benjamin sprachen, vergessen »um einer besseren Hoffnung willen«, »nämlich der Hoffnung auf die Fähigkeit, eine neue Welt zu schaffen, in der unsere Nachkommen leben können, eine Welt mit mehr Vielfalt und Freiheit, als wir uns zur Zeit ausmalen können. Die Einzelheiten einer in höherem Maße erwachsenen und entwickelten menschlichen Welt können wir uns ebensowenig vorstellen, wie unsere Vorfahren in der Bronzezeit imstande waren, sich von den Einzelheiten unserer heutigen Welt einen Begriff zu machen.« *(Hoffnung statt Erkenntnis)*

STEVEN WEINBERG

Sokals Experiment

Wie viele andere Naturwissenschaftler war auch ich amüsiert, als ich von dem Streich hörte, den Alan Sokal, mathematischer Physiker an der New York University, der kulturwissenschaftlichen Zeitschrift *Social Text* gespielt hatte, als er ihr Ende 1994 einen Jux-Artikel einsandte. In diesem Artikel gab Sokal einen Überblick über verschiedene aktuelle Probleme in Physik und Mathematik und zog daraus, nicht ohne Ironiesignale, bestimmte kulturelle, philosophische und politische Schlüsse, wie sie seiner Meinung nach manche modischen akademischen Kommentatoren reizen würden, die den Anspruch der Naturwissenschaften auf Objektivität in Frage stellen.

Die Herausgeber von *Social Text* verfielen gar nicht auf die Idee, daß Sokals Artikel ein bloßer Jux sein könnte, und veröffentlichten ihn im Frühjahr/Sommer-Heft 1996 ihrer Zeitschrift,[1] woraufhin Sokal selbst in einem weiteren Aufsatz enthüllte, daß sein Artikel »freizügig mit Unsinn gewürzt« gewesen und nur deshalb veröffentlicht worden sei, weil er »sich gut las« und »den ideologischen Vorurteilen der Herausgeber schmeichelte«.[2] Zeitungen und Nachrichtenmagazine in den Vereinigten Staaten und Großbritannien griffen die Geschichte auf, und Sokals *hoax* hatte große Chancen, in die kleine Schar von legendären akademischen Schwindeleien aufgenommen zu werden, zu denen etwa auch die »Fossilien« des Piltdown-Menschen von Charles Dawson oder die von James Macpherson geschriebenen pseudo-keltischen *Ossian*-Gesänge gehören. Mit dem Unterschied, daß Sokals Jux einen öffentlichen Zweck verfolgte, nämlich die Aufmerksamkeit auf das zu lenken, was Sokal als Verfall der Maßstäbe in der akademischen Gemeinschaft auffaßte, und deshalb enttarnte er auch sofort selbst seinen Schwindel.

Die Ziele von Sokals Spott umfassen einen weiten intellektuellen Bereich. Da sind zunächst jene »Postmodernen« in den Humanwissenschaften, die Avantgarde-Bereiche wie Quantenmechanik oder Chaostheorie zu durchstreifen lieben, um ihre eigenen Argumente in bezug auf das fragmentarische und zufallsbestimmte Wesen von Erfahrung damit auszuschmücken. Weiter jene Soziologen, Historiker und Philosophen, die die Naturgesetze als gesellschaftliche Konstruktionen auffassen. Dann die Kulturkritiker, die die Spuren von Sexismus, Rassismus, Kolonialismus, Militarismus oder Kapitalismus nicht nur in der Praxis wissenschaftlicher Forschung, sondern auch in ihren Schlußfolgerungen selbst aufdecken. Sokal nahm zwar nicht die Kreationisten oder andere religiöse Schwärmer aufs Korn, die in vielen Welt-

---

1 Alan D. Sokal, *Transgressing the Boundaries – Toward a Transformative Hermeneutics of Quantum Gravity.* In: *Social Text,* Frühjahr/Sommer 1996.

2 Alan D. Sokal, *A Physicist Experiments with Cultural Studies.* In: *Lingua Franca,* Mai/Juni 1996.

gegenden zu den schärfsten Gegnern der Naturwissenschaften zählen,[3] aber seine Ziele waren breit genug gestreut, und er wurde von allen erdenklichen Seiten angegriffen oder gelobt.

Aber was sollte Sokals Experiment beweisen? Anfangs dachte ich, sein Artikel in *Social Text* sei als Nachahmung einer bestimmten Art von akademischem Geschwätz intendiert gewesen, das jeder Herausgeber sofort als solches hätte erkennen müssen. Aber bei der Lektüre des Aufsatzes wurde mir klar, daß das nicht der Fall war. Er bringt Auffassungen zum Ausdruck, die ich für absurd halte, aber von einigen Ausnahmen abgesehen stellt Sokal diese Auffassungen klar und deutlich dar. Der Titel des Aufsatzes – »Grenzüberschreitung. In Richtung einer transformativen Hermeneutik der Quantenschwerkraft« – ist sogar noch absurder als alles andere im Text selbst. (Ein befreundeter Physiker sagte mir einmal, daß er angesichts des Todes einigen Trost aus der Überzeugung ziehe, nie wieder das Wort »Hermeneutik« im Lexikon nachschlagen zu müssen.) Tatsächlich habe ich den Eindruck, daß Sokal es für schwierig hält, unklar zu schreiben.

Wo der Artikel in bloßes Geschwätz verfällt, betrifft er nicht das, was Sokal selbst geschrieben hat, sondern die Arbeiten der echten postmodernen Kulturkritiker, die er zitiert. Hier beispielsweise ein Zitat, das er dem Orakel der Dekonstruktivisten entlehnt hat, Jacques Derrida: »Die Einsteinsche Konstante ist keine Konstante, sie ist kein Zentrum. Sie ist der eigentliche Begriff der Variabilität – und sie ist schließlich und endlich der Begriff des Spieles. Mit anderen Worten, sie ist nicht der Begriff von *etwas* – einem Zentrum, von dem aus ein Beobachter das ganze Kraftfeld beherrschen könnte –, sondern der eigentliche Begriff des Spiels.« *(Les langages critiques et les sciences de l'homme)* Ich kann mir nicht im geringsten vorstellen, was das bedeuten soll.

Nun könnte man einwenden, daß auch Artikel in Physikzeitschriften für die Uneingeweihten unverständlich sind. Aber Physiker sind gezwungen, eine technische Sprache zu sprechen, die Sprache der Mathematik. Innerhalb dieser Grenzen versuchen wir klar zu sein, und wenn uns das mißlingt, erwarten wir nicht, daß unsere Leser Dunkelheit mit Tiefe verwechseln. Es ist nie wahr gewesen, daß nur ein Dutzend Leute Einsteins Schriften zur allgemeinen Relativitätstheorie verstanden hätten; wenn es aber wahr gewesen wäre, hätte das ein Versagen Einsteins bedeutet und wäre kein Zeichen seiner Brillanz gewesen. Die Arbeiten von Edward Witten vom Institute for Advanced Studies in Princeton, die heute zu den bedeutendsten auf dem vielversprechenden Gebiet der Stringtheorie gezählt werden, sind für einen Physiker merklich viel leichter zu lesen als ein Großteil der anderen Forschungsarbeiten auf diesem Gebiet. Im Gegensatz dazu scheinen Derrida und andere Postmoderne nichts zu sagen, was eine spezielle technische Sprache erforderte, und sie versuchen auch nicht, sich besonders deutlich auszudrücken. Die-

[3] In einer *Social Text* übermittelten Nachbemerkung legte Sokal dar, daß es nicht so sehr sein Ziel gewesen sei, die Wissenschaft zu verteidigen als vielmehr die Linke: vor Postmodernen, Gesellschaftskonstrukteuren und anderen Spielarten von *leftists*.

jenigen aber, die solche Schriften und Schreibweisen bewundern, wären wahrscheinlich durch Sokals Zitate daraus nicht in Verlegenheit gebracht worden.

Ein Teil von Sokals Witz war seine Beschreibung von bestimmten Entwicklungen in der Physik. Ein Großteil seiner Darstellung war wiederum ziemlich akkurat, aber mit vielen groben Schnitzern durchsetzt, von denen die meisten von jedem Physikstudenten hätten entdeckt werden müssen. Einer seiner durchgehenden Witze hatte mit dem Wort »linear« zu tun. Dieses Wort hat in der Mathematik eine ganz präzise Bedeutung, die sich daraus ergibt, daß sich bestimmte mathematische Beziehungen eben grafisch durch eine gerade Linie darstellen lassen. Aber bei manchen postmodernen Intellektuellen hat »linear« die Bedeutung von altmodisch und einfallslos angenommen, während »nichtlinear« als irgendwie scharfsinnig und avantgardistisch gilt. Bei der Auseinandersetzung mit der kulturellen Bedeutung der Quantentheorie der Schwerkraft bezieht sich Sokal auf das Gravitationsfeld im Sinne dieser Theorie als auf einen »nichtvertauschbaren (und daher nichtlinearen) Operator«. »Daher« ist hier lächerlich; »nichtvertauschbar« impliziert »nichtlinear« durchaus nicht, und in Wirklichkeit befaßt sich die Quantenmechanik mit Dingen, die sowohl nichtvertauschbar als auch linear sind.

Weiter schreibt Sokal, daß »Einsteins Gleichungen (in der allgemeinen Relativitätstheorie) im höchsten Maße nichtlinear sind, weshalb traditionell geschulten Mathematikern die Lösung so schwer fällt«. Der Witz liegt hier in den Worten »traditionell geschult«. Einsteins Gleichungen sind nichtlinear, und das macht ihre Lösung so schwierig; aber ihre Lösung ist für jedermann schwierig, vor allem für jemanden, der nicht traditionell geschult ist. Sokal merkt, wenn er mit der allgemeinen Relativität fortfährt, ganz korrekt an, daß ihre Beschreibung einer gekrümmten Raum-Zeit arbiträre Wechsel in bezug auf die Raum-Zeit-Koordinaten erlaubt, die wir zur Beschreibung der Natur benutzen. Dann aber äußert er mit aller Feierlichkeit, daß »das π von Euklid und das G von Newton, die früher als konstant und universal galten, jetzt in ihrer unvermeidlichen Geschichtsbedingtheit gesehen werden«. Das ist absurd – die Bedeutung einer mathematisch definierten Quantität wie π kann nicht durch Entdeckungen in der Physik in Mitleidenschaft gezogen werden, und π und G treten in den Gleichungen der allgemeinen Relativitätstheorie auch weiterhin als universale Konstanten auf.

Ganz anders ist die Art, wie Sokal vorgibt, sich ernsthaft einer »Spinner«-Phantasie zu widmen, die unter dem Namen »morphologisches Feld« bekannt ist. Er nimmt auf die Theorie der komplexen Zahlen als einen »neuen und noch ganz spekulativen Zweig der mathematischen Physik« Bezug, während es sich dabei in Wirklichkeit um Mathematik des 19. Jahrhunderts handelt, die so gesichert ist wie nur irgend etwas sonst. Er klagt sogar darüber, daß alle graduierten Studenten der Festkörperphysik in der Lage sein würden, in diesem morphologischen Feld eine Anstellung zu finden …

Sokals Enthüllung seiner absichtlich eingeschmuggelten Schnitzer zog die wütende Reaktion nach sich, er habe das Vertrauen der Herausgeber von

Social Text mit seinem Leumund als ausgewiesener Physiker bewußt mißbraucht, eine Klage, die sowohl von dem Soziologen Steve Fuller als auch von dem Anglisten Stanley Fish vorgebracht wurde. (Fish ist der geschäftsführende Direktor der Duke University Press, des Verlages, in dem *Social Text* erscheint, und gilt allgemein als das Modell für Morris Zapp, den akademischen Trickster in den komischen Romanen von David Lodge.) Die Herausgeber brachten darüber hinaus die Entschuldigung vor, es handele sich bei *Social Text* um eine Zeitschrift, deren Beiträge vor der Veröffentlichung nicht etwa Experten zur Begutachtung vorgelegt würden, sondern um ein meinungsbildendes Blatt. Es mag sein, daß Sokal unter diesen Umständen unanständig handelte, als er die Herausgeber im Vertrauen auf seine Aufrichtigkeit beließ; aber der Artikel wäre wohl nicht viel anders ausgefallen, wenn Sokals Darstellung der betreffenden Fragen aus Physik und Mathematik insgesamt korrekt gewesen wäre. Aufschlußreicher dagegen ist das Ausmaß physikalischen und mathematischen Unsinns in Bemerkungen anderer, die Sokal pfiffig und mit nachgeahmter Zustimmung zitiert. Hier etwa der Philosoph Bruno Latour zur speziellen Relativitätstheorie (in *Social Studies of Science,* 18, 1988): »Wie kann man entscheiden, ob eine in einem Zug gemachte Beobachtung zum Verhalten eines fallenden Steines mit derselben Beobachtung des Steines übereinstimmt, wenn er vom Uferdamm herunterfällt? Wenn es nur einen oder auch nur *zwei* Referenzrahmen gibt, läßt sich keine Lösung finden ... Einsteins Lösung liegt darin, *drei* Akteure in Betracht gezogen zu haben«.

Das ist falsch; in der Relativitätstheorie tritt keine Schwierigkeit auf, wenn die Beobachtungsresultate zweier, dreier oder jeder anderen Zahl von Beobachtern miteinander verglichen werden. In anderen von Sokal zitierten Äußerungen mißbraucht etwa Stanley Aronowitz den Begriff »einheitliche Feldtheorie«. Die feministische Theoretikerin Luce Irigaray beklagt die Vernachlässigung von begrenzten Räumen seitens der Mathematiker, obwohl zu diesem Thema eine gewaltige Literatur existiert. Der Anglist Robert Markley nennt die Quantentheorie nichtlinear, obwohl gerade sie das einzige bekannte Beispiel einer linearen Theorie ist. Und sowohl der Philosoph Michel Serres (Mitglied der Académie Française) als auch der Erz-Postmodernist Jean-François Lyotard verfälschen gröblich die Auffassung der Zeit in der modernen Physik. Solche Irrtümer legen ein Problem nicht nur bei den Editionspraktiken von *Social Text* nahe, sondern auch bei den Maßstäben der größeren Intellektuellengemeinschaft.

Für mich hat es den Anschein, daß Sokals Aufsatz am effizientesten in der Art und Weise verfährt, wie er kulturelle, philosophische oder politische Schlüsse aus Entwicklungen in Mathematik und Physik zieht. Wieder und wieder wechselt er sprunghaft und ohne jede Beihilfe einer eingeschobenen Reflexion von korrekter Wissenschaft zu absurden Implikationen über. Ohne eine Miene zu verziehen, leitet er aus Bohrs Beobachtung, daß »in der Quantenmechanik die vollständige Erhellung eines und desselben Gegenstandes verschiedene Beobachtungsstandpunkte erfordern kann, die sich einer einheitlichen Beschreibung widersetzen«, den voreiligen Schluß ab, daß »die postmoderne Wissenschaft den in der traditionellen Naturwissenschaft verkörperten Autoritarismus und Elitismus« ablehnt. Verschmitzt verweist er auf Katastrophen- und Chaostheorie als die Art von Mathematik, die zu gesellschaftlicher und ökonomischer Befreiung führen kann. Sokal zeigt, daß die Leute wirklich so reden, wenn sie die Arbeiten anderer mit demselben Hang zitieren, so etwa bei bestimmten Anwendungen der mathematischen Typologie auf die Psychiatrie bei Jacques Lacan und auf die Filmkritik bei Jacques-Alain Miller.

Ich finde es beunruhigend, daß die Herausgeber von *Social Text* es für plausibel gehalten haben, ein normaler praktizierender Physiker könne die in Sokals Artikel parodierten Positionen vertreten. In der Verteidigung ihrer Entscheidung, ihn zu publizieren, erklären die Herausgeber, sie seien der Meinung gewesen, es handele sich hier »um den ernstzunehmenden Versuch eines professionellen Naturwissenschaftlers, für Entwicklungen in seinem Fachbereich nach einer Art Bestätigung bei der postmodernen Philosophie zu suchen«.[4] In einer Einleitung zu der Nummer von *Social Text,* in der Sokals Aufsatz erschienen ist, erwähnt einer der Herausgeber den Umstand, daß »viele berühmte Naturwissenschaftler, insbesondere Physiker, Mystiker« gewesen seien. Es mag einige heute tätige Physiker geben, die Mystiker sind, aber ich bin nie einem begegnet, und ich kann mir auch keinen seriösen Physiker vorstellen, der ähnlich bizarre Positionen wie die von Sokal parodierten vertritt. Die Kluft des Mißverständnisses zwischen Naturwissenschaftlern und anderen Intellektuellen scheint zumindest noch ebenso tief zu sein wie vor drei Jahrzehnten, als sich C. P. Snow darüber beklagte.

Nachdem Sokal seinen Ulk enttarnt hatte, spekulierte einer der Herausgeber sogar darüber, daß »Sokals Parodie nichts dergleichen« gewesen sei – hier fühle ich mich an die amerikanische Spiritistin Margaret Fox erinnert: Als sie 1888 eingestand, daß ihre gesamte Laufbahn als Veranstalterin von Séancen und spiritistischen Gruppensitzungen ein Jux gewesen sei, behaupteten andere Spiritisten, eben dieses Geständnis sei eine Lüge.

Diejenigen, die in dem, was sie an der modernen Physik verstanden zu haben glauben, eine extraszientifische Botschaft suchen, graben in ausgetrockneten Brunnen. Meiner Meinung nach haben die Ergebnisse der physikalischen Forschung (im Gegensatz etwa zur Psychologie), von zwei großen Ausnahmen abgesehen, keine legitimen Implikationen irgendwelcher Art für Kultur, Politik oder Philosophie. (Ich spreche hier nicht von den technischen Anwendungen der Physik, die natürlich gewaltige Auswirkungen auf unsere Kultur haben, oder ihrem metaphorischen Gebrauch, sondern von den direkten logischen Implikationen der rein naturwissenschaftlichen Entdeckungen selbst.) Die Entdeckungen der Physik mögen für Philosophie und Kultur relevant werden, wenn wir den Ursprung des Universums oder die letztgültigen Naturgesetze verstehen lernen, aber nicht in der Gegenwart.

Die erste meiner beiden Ausnahmen von dieser Feststellung betrifft Fragen der Zuständigkeit: Entdeckungen in den Naturwissenschaften erbrin-

[4] Bruce Robbins / Andrew Ross, *Mystery Science Theater.* In: *Lingua Franca,* Juli/August 1996.

gen manchmal den Beweis dafür, daß Gegenstände wie Materie, Raum und Zeit, die bis dahin als die ureigenen Themen philosophischen Argumentierens gegolten hatten, in Wirklichkeit zur Provinz der gewöhnlichen Naturwissenschaften gehören. Die zweite, ungleich wichtigere meiner Ausnahmen ist die tiefgreifende kulturelle Auswirkung der auf das Werk von Newton zurückgehenden Entdeckung, daß die Natur genaugenommen von unpersönlichen mathematischen Gesetzen beherrscht wird. Natürlich bleibt uns stets die Aufgabe, diese Gesetze in den Griff zu bekommen und die Reichweite ihrer Gültigkeit verstehen zu lernen; aber soweit Kultur oder Philosophie betroffen sind, ist der Unterschied zwischen Newtons und Einsteins Theorien der Gravitation oder zwischen klassischer und Quantenmechanik unerheblich.

Diesbezüglich gibt es viel Verwirrung, weil die Quantenmechanik, wenn sie in gewöhnlicher Alltagssprache beschrieben wird, ziemlich unheimlich wirken kann. Die Elektronen in den Atomen haben erst dann definite Positionen oder Geschwindigkeiten, wenn diese Eigenschaften gemessen werden können, und die Messung der Geschwindigkeit eines Elektrons tilgt alle Kenntnis seiner Position. Diese Unheimlichkeit hat Andrew Ross, einen der Herausgeber von *Social Text,* dazu veranlaßt, andernorts anzumerken, daß die »quantitative Rationalität – die normative Beschreibung des wissenschaftlichen Materialismus – das Verhalten der Materie auf der Ebene der Quantenrealität nicht mehr zu erklären vermag«. Das ist schlicht und einfach falsch. Durch rationale Prozesse erlangen wir heute eine vollständige quantitative Beschreibung von Atomen, indem wir das benutzen, was die »Wellenfunktion« des Atoms genannt wird. Wenn man die Wellenfunktion berechnet hat, kann sie dazu verwendet werden, jedwede Frage zur Energie des Atoms oder ihrer Interaktion mit dem Licht zu beantworten. Wir haben die präzise Newtonsche Sprache der Flugbahnen von Partikeln durch die präzise Quantensprache der Wellenfunktionen ersetzt; aber soweit die quantitative Rationalität betroffen ist, besteht keinerlei Unterschied zwischen Newtonscher und Quantenmechanik.

An diesem Punkt muß ich einräumen, daß die Physiker an der weitverbreiteten Verwirrung in bezug auf diese Fragen nicht unbeteiligt sind. Sokal zitiert einige schreckliche Beispiele für Heisenbergs philosophische Verirrungen, etwa das folgende: »Die Naturwissenschaft tritt der Natur nicht mehr als objektiver Beobachter entgegen, sondern sieht sich selbst als Akteur in diesem Wechselspiel zwischen Mensch *(sic)* und Natur.« (Heisenberg war einer der großen Physiker des 20. Jahrhunderts, aber auf sorgfältiges Denken war bei ihm nicht unbedingt Verlaß, wie sich aus seinen technischen Fehlern beim deutschen Atomwaffenprogramm ersehen läßt.) In jüngerer Zeit haben Naturwissenschaftler wie Ilya Prigogine tiefere philosophische Bedeutung für Arbeiten über nichtlineare Dynamik gefordert, ein Thema, das auch ohne absurde Übertreibungen interessant genug ist.[5]

---

[5] Die nichtlineare Dynamik befaßt sich mit Fällen, in denen das Wechselverhältnis verschiedener Quantitäten nichtlinear von diesen Quantitäten abhängt. Beispielsweise hängt das

Soviel zu den kulturellen Implikationen von Entdeckungen in den Naturwissenschaften. Wie steht es aber mit den Implikationen für die Naturwissenschaften, und zwar mit den Implikationen ihres kulturellen und gesellschaftlichen Kontextes? Hier sehen sich Naturwissenschaftler wie Sokal in Opposition zu vielen Soziologen, Historikern und Philosophen wie auch zu postmodernistischen Literaturtheoretikern. In dieser Auseinandersetzung scheinen die beiden Lager aneinander vorbeizureden. Soziologen und Historiker beispielsweise äußern sich manchmal so, als ob die Naturwissenschaftler seit den Tagen von Francis Bacon nichts über wissenschaftliche Methodik hinzugelernt hätten, während wir natürlich sehr wohl wissen, wie kompliziert die Beziehung zwischen Theorie und Experiment ist und wie weitgehend die naturwissenschaftliche Arbeit von einem angemessenen sozialen und ökonomischen Rahmen abhängt. Andererseits machen manche Naturwissenschaftler anderen den Vorwurf einer völlig relativistischen Sicht und des Nicht-Glaubens an die objektive Realität. Mit tödlichem Ernst zitiert Sokal »revisionistische Studien zur Geschichte und Philosophie der Naturwissenschaften«, die Zweifel an dem nachaufklärerischen Dogma säen, daß »eine Außenwelt existiert, die unabhängig von jedem individuellen Menschenwesen und sogar von der Menschheit als ganzer ist«. Das Unangenehme an der Satire auf diese besondere Passage ist, daß die meisten von Sokals Zielscheiben leugnen, daß sie irgendwelche Zweifel an der Existenz einer Außenwelt haben. (Ihr Glaube an die objektive Realität wurde als Reaktion auf Sokals Aufsatz sowohl von den Herausgebern von *Social Text* als auch von Stanley Fish betont.)

Ich will damit nicht sagen, daß dieser Teil von Sokals Satire ungerechtfertigt sei. Seine Zielscheiben vertreten häufig Positionen, die mir (und hier schließe ich mich Sokal an) sinnlos erscheinen, wenn es denn eine objektive Realität gibt. Um es in aller Einfachheit auszudrücken: Wenn Naturwissenschaftler über etwas Reales sprechen, ist das, was sie sagen, entweder wahr oder falsch. Wenn es wahr ist, wie kann es dann von der sozialen Umgebung des Wissenschaftlers abhängen? Wenn es falsch ist, wie kann es dann zu unserer Befreiung beitragen? Die Wahl der wissenschaftlichen Fragestellung und der Methodik der Annäherung kann von allen möglichen außerwissenschaftlichen Einflüssen abhängen, aber die richtige Antwort, wenn wir sie denn finden, ist, was sie ist, weil das die Art und Weise ist, wie die Welt ist. Dennoch nützt es wenig, Ansichten satirisch aufs Korn zu nehmen, die der jeweilige Gegner zu vertreten leugnet.

Wechselverhältnis von Druckwerten, Temperaturen und Geschwindigkeiten in einem Fluidum wie der Atmosphäre nichtlinear von diesen Druckwerten, Temperaturen und Geschwindigkeiten ab. Seit nahezu hundert Jahren ist bekannt, daß das Langzeitverhalten solcher Systeme oft ein Chaos darstellt, nämlich eine außerordentliche Sensibilität für den anfänglichen Zustand des Systems. (Das klassische Beispiel dafür ist die Art und Weise, wie der Flügelschlag eines Schmetterlings noch Wochen später das gesamte Wetter auf Erden verändern kann.) Für Physiker rührt das gegenwärtige Interesse an nichtlinearen dynamischen Systemen von der Entdeckung der allgemeinen Merkmale chaotischen Verhaltens her, die genau vorhergesagt werden können.

Ich bin selbst an ebendiesen Stolperstein gestoßen. In einem frühen Entwurf meines Buches *Dreams of a Final Theory* kritisierte ich die feministische Erkenntnistheoretikerin Sandra Harding (eine Mitarbeiterin an *Social Text*) wegen ihrer Einnahme einer relativistischen Position, die den objektiven Charakter der physikalischen Gesetze leugnet. Zum Beweis zitierte ich sie in dem Sinne, sie habe die modernen Naturwissenschaften (und besonders die Physik) »nicht nur als sexistisch, sondern auch als rassistisch, klassengebunden und im kulturellen Sinne Zwang ausübend« bezeichnet und dahingehend argumentiert, daß »Physik und Chemie, Mathematik und Logik die Fingerabdrücke ihrer charakteristischen kulturellen Schöpfer ebenso tragen wie Anthropologie und Geschichtswissenschaft«. Für mich hatte es den Anschein, daß diese Feststellungen nur für einen Relativisten sinnvoll sein konnten. Wozu ist es nütze, den Anspruch zu erheben, daß die Ergebnisse wissenschaftlicher Forschung multikulturellen oder feministischen Bedürfnissen wohlwollender begegnen sollten, wenn diese Ergebnisse eine akkurate Darstellung der objektiven Realität zu sein haben? Ich schickte eine Kopie dieses Teiles an Frau Harding, die mir daraufhin verschiedene Stellen in ihren Arbeiten vorwies, wo sie explizit geleugnet hatte, eine relativistische Position zu vertreten. Ich wählte den leichteren Weg; ich ließ die Relativismusanklage fallen und stellte es dem Urteil des Lesers anheim, die Implikationen ihrer Bemerkungen zu bewerten.

Vielleicht würde es zur Klärung dessen, was strittig ist, beitragen, wenn wir nicht darüber zu sprechen hätten, ob die Natur real ist, sondern über die weitaus kontroversere Frage, ob die naturwissenschaftliche Erkenntnis im allgemeinen und die physikalischen Gesetze im besonderen real sind.

Als ich Student an der Cornell University war, hörte ich die Vorlesung eines Philosophieprofessors, der erklärte, daß er immer, wenn ihn jemand fragte, ob etwas real sei, dieselbe Antwort gebe: »Ja. Die Zahnpasta ist real, die physikalischen Gesetze sind real, die Baseballregeln sind real, und die Steine auf dem Land sind real. Aber sie sind auf jeweils verschiedene Weise real.« Was ich meine, wenn ich sage, daß die Gesetze der Physik real sind, ist, daß sie in ziemlich demselben Sinne real sind (was immer das ist) wie die Steine auf dem Land und nicht in demselben Sinne real wie die Baseballregeln. Wir haben die physikalischen Gesetze oder die Steine auf dem Land nicht geschaffen, und unglücklicherweise finden wir manchmal, daß wir uns in bezug auf sie geirrt haben, etwa wenn wir mit der Zehenspitze an einen Stein stoßen, den wir übersehen hatten, oder wenn wir erkennen, daß wir (wie die meisten Physiker) einen Fehler bei irgendeinem physikalischen Gesetz gemacht haben. Aber die Sprachen, in und mit denen wir Steine beschreiben oder physikalische Gesetze aufstellen, sind zweifellos gesellschaftlich geschaffen und bedingt, also mache ich die implizite Voraussetzung (die wir im Alltagsleben allesamt in bezug auf Steine machen), daß unsere Äußerungen über physikalische Gesetze in einer Eins-zu-eins-Entsprechung zu Aspekten der objektiven Realität stehen. Anders ausgedrückt: Sollten wir je intelligente Lebewesen auf irgendeinem anderen Planeten entdecken und ihre wissenschaftlichen Arbeiten übersetzen können, werden wir gewahr werden, daß sie und wir dieselben Gesetze entdeckt haben.

Hier taucht eine weitere Komplikation auf, und zwar die, daß keines der heute bekannten physikalischen Gesetze (mit der möglichen Ausnahme der allgemeinen Prinzipien der Quantenmechanik) genau und universal gültig ist. Dennoch haben manche davon sich zu einer letztgültigen Form verfestigt, die unter bestimmten bekannten Umständen Gültigkeit hat. Die Gleichungen zwischen elektrischen und magnetischen Kräften, die heute unter dem Namen Maxwellsche Gleichungen bekannt sind, sind nicht die Gleichungen in der Form, wie sie ursprünglich von Maxwell aufgestellt wurden; es sind Gleichungen, die andere Physiker nach jahrzehntelanger späterer Arbeit wieder anderer Physiker erarbeitet haben, namentlich der des englischen Wissenschaftlers Oliver Heaviside. Sie werden heute als Annäherung verstanden, die in einem begrenzten Kontext Gültigkeit hat (dem des schwachen, langsam variierenden elektromagnetischen Feldes); in dieser Form aber und in diesem begrenzten Kontext haben sie ein Jahrhundert lang Bestand gehabt, und es darf erwartet werden, daß sie weiter und unbegrenzt lange Bestand haben. Es ist diese Art von physikalischem Gesetz, das, wie ich meine, mit etwas Realem korrespondiert, so real wie nur irgend etwas, das wir kennen. Was diesen Punkt betrifft, sind Naturwissenschaftler wie Sokal und auch ich offenkundig in deutlicher Nicht-Übereinstimmung mit einigen derer, die Sokal satirisch aufs Korn nimmt. Das objektive Wesen der wissenschaftlichen Erkenntnis ist von Andrew Ross und Bruno Latour und (wenn ich sie richtig verstehe) auch von einflußreichen Philosophen wie Richard Rorty und dem verstorbenen Thomas Kuhn geleugnet worden, wird von den meisten Naturwissenschaftlern aber für selbstverständlich gehalten.

Ich bin zu der Überzeugung, daß die physikalischen Gesetze real sind, deshalb gekommen, weil mir meine Erfahrung mit den physikalischen Gesetzen nicht grundlegend verschieden von meiner Erfahrung mit Steinen zu sein scheint. Denjenigen, die keine enge Beziehung zu den physikalischen Gesetzen haben, kann ich das naheliegende Argument bieten, daß die physikalischen Gesetze in der Form, wie wir sie kennen, funktionieren und es keinen anderen bekannten Weg der Naturerkenntnis gibt, der nicht in etwa demselben Sinne funktioniert. Sarah Franklin bestreitet (in einem Aufsatz im selben Heft von *Social Text*) das Argument von Richard Dawkins, daß wir, wenn wir uns auf das Funktionieren von Flugzeugen verlassen, unsere Akzeptanz des Funktionierens der Naturgesetze unter Beweis stellen, indem sie anmerkt, daß von manchen Fluggesellschaften während des Abhebens Gebetsfilme gezeigt werden, um die Hilfe Allahs während des Fluges und eine glückliche Landung zu erflehen. Glaubt Frau Franklin, daß Dawkins' Argument auf sie nicht zutrifft? Wenn dem so ist, wäre sie dann bereit, auf die Anwendung der physikalischen Gesetze beim Entwurf von Flugzeugen zu verzichten und sich statt dessen auf Gebete zu verlassen?

Weiter ist da das verwandte Argument, daß wir, obwohl wir noch keine Gelegenheit hatten, Erfahrungen mit den Geschöpfen eines fernen Planeten auszutauschen, doch sehen können, daß die physikalischen Gesetze auf Erden von Wissenschaftlern aller Nationen, Rassen und – ja! – Geschlechter auf dieselbe Weise verstanden werden. Manche der von Sokal zitierten Wissenschaftskommentatoren geben der Hoffnung Ausdruck, daß die Beteiligung von Frauen oder von Opfern des Imperialismus den Charakter der Wissenschaft verändern wird; aber soweit ich sehen kann, arbeiten Frauen und Physiker der Dritten Welt auf genau die gleiche Weise wie weiße männliche Physiker. Dagegen könnte eingewendet werden, daß das ja eben ein Zeichen der Macht der tiefverwurzelten wissenschaftlichen Autorität oder der überwältigende Einfluß der westlichen Gesellschaft sei, aber diese Erklärungen klingen für mich nicht überzeugend. Obwohl die Naturwissenschaften in dem Sinne intellektuell führend sind, daß wir eine klare Vorstellung davon haben, was es für eine Theorie bedeutet, wahr oder falsch zu sein, sind ihre Verfahren doch nicht gesellschaftlich führend – Autorität zählt da wenig.

Von Zeit zu Zeit haben hervorragende Physiker, die ihre besten Jahre hinter sich hatten – etwa Werner Heisenberg im Deutschland der fünfziger Jahre oder Louis de Broglie in Frankreich –, die Physik in Richtung ihrer eigenen Ideen ummodeln wollen; aber wenn solche Mandarine überhaupt Erfolg haben, dann nur in einem Land und nur für begrenzte Zeit. Die Richtung, die die heutige physikalische Forschung einschlägt, wird in überwältigendem Maße von jüngeren Physikern bestimmt, die noch nicht mit Ehrungen und Autorität belastet sind und deren Einfluß – das Aufsehen, das sie erregen – sich aus dem objektiven Fortschritt herleitet, den sie auf den Weg zu bringen vermögen. Wenn unsere Ausdrucksform der physikalischen Gesetze gesellschaftlich geprägt wird, wird sie in einer Gesellschaft von Naturwissenschaftlern geprägt, die sich hauptsächlich durch Auseinandersetzung mit den Naturgesetzen weiterentwickelt.

Manche Historiker leugnen die Realität der Naturgesetze durchaus nicht, weigern sich aber dennoch, die gegenwärtige wissenschaftliche Erkenntnis in Betracht zu ziehen, wenn sie die wissenschaftliche Arbeit der Vergangenheit beschreiben. Zum Teil deshalb, weil sie Anachronismen vermeiden wollen wie die Vermutung, daß Wissenschaftler der Vergangenheit die Dinge genau so gesehen haben wie wir; zum anderen Teil aber auch aus der Sorge um Aufrechterhaltung der intellektuellen Unabhängigkeit der Historiker. Das Problem liegt darin, daß diese Historiker, wenn sie die wissenschaftliche Erkenntnis der Gegenwart ignorieren, Schlüssel für die Vergangenheit fahrenlassen, die auf andere Weise nicht zu erlangen sind. Zu Ende des letzten Jahrhunderts stellte J.J. Thomson eine gefeierte Reihe von Messungen zum Verhältnis von Masse und Ladung des Elektrons an, und obwohl die Werte, die er fand, breit gestreut waren, favorisierte er hartnäckig Messungen, die am oberen Ende der Skala lagen. Die historische Darstellung allein würde uns nicht erlauben zu entscheiden, ob das daran lag, daß diese Ergebnisse tendenziell seine ersten Messungen bestätigten, oder daß letztere tatsächlich sorgfältigere Messungen waren. Warum also nicht den Hinweis benutzen, daß die zweite Möglichkeit unwahrscheinlich ist, weil der hohe Wert, den Thomson favorisierte, beinahe doppelt so hoch liegt wie derjenige, den wir heute als den richtigen kennen?

Ein Wissenschaftshistoriker, der unseren gegenwärtigen Erkenntnisstand außer acht läßt, erscheint mir wie ein Historiker des amerikanischen Bürgerkrieges, der die Geschichte von McClellans Zögern auf der Halbinsel Virginia so erzählt, als wüßten wir heute nicht, daß McClellan die Truppenstärke der Konföderierten weit überschätzt hatte. Sogar die Wahl der Gegenstände, die das Interesse der Historiker fesseln, wird von unserem heutigen Wissen davon beeinflußt, wie die Wege beschaffen waren, die zum Erfolg führten. Was Herbert Butterfield die Whig-Deutung der Geschichte genannt hat, ist in der Wissenschaftsgeschichte auf eine Weise legitim, wie sie es in der Geschichte von Kultur oder Politik nicht ist, weil die Naturwissenschaften kumulativ verfahren und endgültige Bewertungen von Erfolg oder Versagen erlauben.

Sokal war nicht der erste, der sich mit diesen Problemen auseinandersetzte,[6] aber er hat uns einen großen Dienst erwiesen, als er sie auf so dramatische Weise aufwarf. Es sind nicht rein und ausschließlich akademische Probleme, in jedem erdenklichen Sinne des Wortes »akademisch«. Wenn wir der Meinung sind, daß naturwissenschaftliche Gesetze so flexibel sind, daß sie sich vom gesellschaftlichen Rahmen ihrer Entdeckung beeinflussen lassen, mögen manche versucht sein, die Naturwissenschaftler zur Entdeckung von Gesetzen zu drängen, die proletarischer, weiblicher, amerikanischer, religiöser oder arischer sind ... Das ist ein gefährlicher Weg, und in der Kontroverse darüber steht mehr auf dem Spiel als nur das Wohl und Wehe der Naturwissenschaften. Wie bereits angemerkt, ist unsere Zivilisation nachhaltig von der Entdeckung beeinflußt worden, daß die Natur im strengen Sinne von unpersönlichen Gesetzen beherrscht wird. Als Beispiel möchte ich die Bemerkung von Hugh Trevor-Roper zitieren, daß einer der frühen Effekte dieser Entdeckung darin bestand, die Begeisterung für Hexenverbrennungen zu dämpfen. Wir werden darauf angewiesen sein, die Auffassung der Welt als einer rational verständlichen zu bekräftigen, wenn wir uns vor den irrationalen Tendenzen schützen wollen, die die Menschen noch immer bedrängen.

Aus dem Englischen von Hans-Horst Henschen

---

6 Siehe insbesondere Gerald Holton, *Science and Anti-Science.* Cambridge: Harvard University Press 1993; Paul R. Gross / Norman Levitt, *Higher Superstition.* Baltimore: Johns Hopkins University Press 1994. Das Heft von *Social Text,* in dem Sokals Aufsatz erschien, war ursprünglich als Antwort auf das Buch von Gross und Levitt bestimmt, das, laut Sokal, ihn ebenfalls zu seinem Experiment anregte.

Harald Weinrich

Warum will Kant seinen Diener Lampe vergessen?

Über das Leben und Sterben des Philosophen Immanuel Kant (1724–1804) sind wir aus zahlreichen Quellen gut unterrichtet. Unter ihnen haben besonderen Zeugniswert die drei noch in seinem Todesjahr publizierten Biographien seiner Schüler Borowski, Jachmann und Wasianski. Auf ihnen beruhen auch Thomas de Quinceys Prosastück *The Last Days of Immanuel Kant* (1827) sowie der französische Studiofilm *Les derniers jours d'Emmanuel Kant* von Philippe Colin (1995).[1] Aus diesen und einigen weiteren Quellen wissen wir auch, daß Kant während langer Jahre seines Philosophenlebens, das keinen Verwirrungen durch Frau und Kinder ausgesetzt war, einen treuen Diener namens Martin Lampe um sich hatte, der ihm in allen Angelegenheiten des häuslichen Daseins zur Hand ging, vom morgendlichen Wecken pünktlich um fünf (»Es ist Zeit!«) über das Mittagessen pünktlich um eins (»Die Suppe ist auf dem Tische!«) bis zum abendlichen Anspitzen der Federkiele, die der Philosoph für die Schreibarbeiten des nächsten Tages benötigte. Was sonst noch zu den Aufgaben des Dieners gehörte, geht aus dem allerdings etwas respektlosen Bericht hervor, den Heinrich Heine in seiner Schrift *Zur Geschichte der Religion und Philosophie in Deutschland* (1834) von dem streng geregelten Tagesablauf des Königsberger Philosophen gegeben hat. Der Bericht lautet: »Ich glaube nicht, daß die große Uhr der dortigen Kathedrale leidenschaftsloser und regelmäßiger ihr äußeres Tagewerk vollbrachte wie ihr Landsmann Immanuel Kant. Aufstehn, Kaffeetrinken, Schreiben, Kollegienlesen, Essen, Spazierengehn, alles hatte seine bestimmte Zeit, und die Nachbarn wußten ganz genau, daß die Glocke halb vier sei, wenn Immanuel Kant in seinem grauen Leibrock, das spanische Röhrchen in der Hand, aus seiner Haustüre trat und nach der kleinen Lindenallee wandelte, die man seinetwegen noch jetzt den Philosophengang nennt. Achtmal spazierte er dort auf und ab, in jeder Jahreszeit, und wenn das Wetter trübe war oder die grauen Wolken einen Regen verkündigten, sah man seinen Diener, den alten Lampe, ängstlich besorgt hinter ihm drein wandeln, mit einem langen Regenschirm unter dem Arm, wie ein Bild der Vorsehung.«

Die Vorsehung hat indes nicht verhindert, daß Kant sich eines Tages von seinem Diener getrennt hat. Das geschah im Jahre 1802, als Kant schon 78 Jahre alt war und deutliche Spuren der Altersschwäche zeigte. Wasianski berichtet im einzelnen über diesen Vorgang, weiß aber keinen genauen Grund

---

[1] Die zeitgenössischen Kant-Biographien sind abgedruckt bei Felix Gross, *Immanuel Kant. Sein Leben in Darstellungen von Zeitgenossen.* Darmstadt: Wissenschaftliche Buchgesellschaft 1993. An ihnen orientiert sich auch größtenteils die Rowohlt-Monographie von Uwe Schultz, *Immanuel Kant mit Selbstzeugnissen und Bilddokumenten.* Reinbek: Rowohlt 1965. (Für freundliche Hinweise danke ich Odo Marquard, Wolfgang G. Bayerer und Günter Metken.)

für die Entlassung des Dieners zu nennen. Von Kant selber hat der Biograph nur erfahren, Lampe habe sich so sehr gegen ihn vergangen, daß er es zu sagen sich schäme.

Es ist jedoch nicht auszuschließen, daß Wasianski selber, der in Kants letzten Lebensjahren sein vertrauter Sachwalter und Hausfreund – nach seinem Tode auch sein Testamentsvollstrecker – war, nicht nur Zeuge, sondern auch Agent dieser »Abschaffung« war. Lampe konnte sich anscheinend an die neue Nebenherrschaft im Hause Kant nicht gewöhnen und leistete sich in dieser Lage die eine oder andere »Insubordination«. Jedenfalls stand, als Lampe schließlich ging, schon der von Wasianski ausgesuchte Ersatzmann bereit, ein altgedienter Soldat namens Johann Kaufmann, an den sich Kant aber nicht mehr recht gewöhnen konnte, vor allem weil er eine so militärisch laute Stimme hatte. Ob also wohl der Dienerwechsel im hohen Alter für den Junggesellen (Heine: »Hagestolz«) die richtige Entscheidung war? Da sind einige Zweifel angebracht. Denn die Person des alten Dieners hatte sich offenbar so fest mit den alltäglichen Gewohnheiten des Philosophen verbunden, daß ihm der Name Lampe nicht aus dem Kopf gehen wollte. Eine besondere Anstrengung war wohl nötig, um den vertrauten Namen aus dem Gedächtnis zu vertreiben. So hat Kant allem Anschein nach nicht nur den kategorischen Vorsatz gefaßt, Lampe nun endlich zu vergessen, sondern er hat dieses »Muß« auch zu Papier gebracht. Unter den Merkzetteln, deren Gebrauch sich der alte Kant zur Stützung seines Gedächtnisses angewöhnt hatte, fand sich nämlich auch ein Papier, auf dem von der Hand Kants geschrieben stand: »Der Name Lampe muß nun völlig vergessen werden«.

Über diesen Fund unter den Papieren Kants verwundert sich aufs höchste der Nachlaßverwalter Wasianski, der in der Notiz »ein sonderbares Zeichen von Kants Schwäche« erkennt – was nach dem Kontext als Altersschwäche zu verstehen ist. Denn das Aufschreiben, so setzt Wasianski zur Erläuterung seiner Einschätzung hinzu, dient doch bekanntermaßen dazu, daß etwas besonders zuverlässig im Gedächtnis bewahrt und gerade nicht vergessen werden soll. Das Gedächtnis zu bemühen, um das Vergessen zu befördern, das scheint dem Kant-Schüler Wasianski eine Contradictio in adiecto zu sein, die einem Professor der Logik nicht zuzutrauen ist.

So einfach können wir allerdings in diesen nachfreudianischen Zeiten mit Kants irritierendem Verhalten nicht mehr umgehen. Könnte es sich bei dem Zettel nicht beispielsweise um eine interessante »Fehlleistung« handeln, bei der sich Kant aus noch zu ermittelnden Gründen ver-tan, ver-sehen, verschrieben hat? Oder gleicht sein Verhalten schon dem seines späteren und fiktiven Nachfahrn, des Professors Kien (er sollte ursprünglich Kant heißen) in Elias Canettis Roman *Die Blendung* (1935), von dem es im Text heißt, er habe, weil mit einem »wahrhaft phänomenalen Gedächtnis« begabt, die Gewohnheit angenommen, in einem Notizbuch alle Dummheiten einzutragen, die er vergessen wollte. Was leistet oder fehl-leistet also das Schreiben als Dienerin des Vergessens, *ancilla oblivionis?*

*

Kant hatte in seinem privaten und beruflichen Leben offenbar keine Gedächtnisprobleme. Borowski bescheinigt ihm ein »herrliches«, Jachmann ein »ungeheures« Gedächtnis. Aus seiner Schulzeit wußte er noch im Alter lange Passagen griechischer und lateinischer Schriftsteller auswendig. Von den neueren deutschen Schriftstellern kamen Bürger, Hagedorn und vor allem Haller hinzu, dessen Gedichte er nach dem Zeugnis Borowskis ebenfalls »größtenteils auswendig« wußte. Auch hatte er aus dem Gedächtnis einen großen Anekdotenschatz zur Verfügung, von dem er bei Tisch im heiteren Gespräch mit seinen Gästen einen geschickten Gebrauch machte. Kant war nämlich, was man seinen philosophischen Schriften nicht unbedingt anmerkt, ein glänzender Gastgeber und Causeur, dessen Urbanität und Witz in der Konversation, gerade auch mit Damen, in der Königsberger Gesellschaft sehr geschätzt waren.

Auch als Universitätslehrer konnte er sich auf sein Gedächtnis verlassen. Sein Kathedervortrag war »ganz frei« (Jachmann). Offenbar hatte er für seine Tätigkeit als Wissenschaftler eine eigene Gedächtniskunst entwickelt, die er auch seinen Studenten zur Übung ihrer Gedächtniskraft empfahl. Sie bestand nach dem Zeugnis Borowskis darin, sich den Wissensbesitz als »zerteilt in verschiedene Behältnisse im Kopf« vorzustellen, so daß man das auf diese Weise Gespeicherte bei Bedarf aus dem jeweiligen »Fach« herausholen kann – eine regelrechte Topik im Sinne der rhetorischen Memorierkunst, jedoch auf philosophische Bedürfnisse zugeschnitten.

Auch in seinen philosophisch-pädagogischen Ansichten hat Kant nicht daran gezweifelt, daß eine gewisse Gedächtniskraft notwendig ist, wenn jemand an Kultur und Wissenschaft Anteil haben soll. Deshalb muß nach seiner Auffassung schon in jungen Jahren das Gedächtnis geübt werden, und zumal beim Sprachenlernen führt kein Weg an einer stetigen Anstrengung des Gedächtnisses vorbei. Auch in solchen Fächern wie Geschichte und Geographie erscheint ihm »ein gewisser Mechanism« im Gebrauch des Gedächtnisses unerläßlich. Für den gesamten Bereich der Pädagogik stimmt Kant schließlich der alten Regel zu: »Wir wissen nur soviel, wie wir im Gedächtnis behalten haben« *(tantum scimus, quantum memoria tenemus).* Er warnt sogar ausdrücklich davor, nur für irgendein Examen, das heißt, »auf zukünftiges Vergessen hin« *(ad futuram oblivionem)* zu lernen.

Aber dies alles sind in seinem philosophischen Werk nur marginale Bemerkungen. Denn neben seinen drei Kritiken, die sukzessive der reinen Vernunft, der praktischen Vernunft und der Urteilskraft gelten, hat Kant keine vierte Kritik, die Gedächtniskraft betreffend, geschrieben. Nur unter praktischen Gesichtspunkten, nämlich in seinen Vorlesungen zur Anthropologischen Didaktik und zur allgemeinen Pädagogik, hat er sich mit dem Gedächtnis und dem Vergessen näher befaßt.[2] Jedenfalls hat er es nicht als notwendig angesehen, sein philosophisches System durch eine explizite Gedächtnistheorie zu vervollständigen. Bei ihm wie auch bei den anderen

---

2 Kants wichtigste Äußerungen zum Gedächtnis findet man im Band XII der Werkausgabe (Frankfurt: Suhrkamp 1968), S. 486–490 und S. 695–761.

Denkern der Aufklärung steht das Gedächtnis nicht im Zentrum des Nachdenkens.

So legt Kant nun an den Stellen seines Werkes, an denen er sich überhaupt mit dem Gedächtnis befaßt, größten Wert darauf, die Vernunftprinzipien der Aufklärung auch gegenüber dieser Geisteskraft zur Geltung zu bringen. Er empfiehlt daher, drei Formen des Gedächtnisses zu unterscheiden, die wie folgt zu benennen sind: das mechanische, das ingeniöse und das judiziöse Memorieren. Diese drei Formen des Gedächtnisses gelten ihm gleichzeitig als Wertrangstufen. Sie steigen von einem gänzlich wertlosen über einen problematischen zu einem vernunftgemäßen Umgang mit dem Gedächtnis auf.

Das an erster Stelle und auf der untersten Rangstufe genannte *mechanische Memorieren* kann in keinerlei Hinsicht den Beifall des aufgeklärten Philosophen finden, nicht einmal für den Schulunterricht der frühen Jugendjahre. Wenn Kinder »bloß« (Kant liebt dieses Wort!) mechanisch auswendig lernen, wenn sie also, anders ausgedrückt, bloß dressiert und abgerichtet werden, dann ist nicht zu erwarten, daß der Unterricht je dazu führt, daß sie »denken lernen«.

Kants Bedenken gegen das mechanische Memorieren gelten ganz besonders für den Religionsunterricht. Wenn dieser sich darin erschöpft, daß die Kinder nur eine starre Formelsprache »herbeten« lernen und sich auf diese Weise an »bloße Nachahmung und alleiniges Affenwerk« gewöhnen, gibt man ihnen einen verkehrten Begriff von Frömmigkeit. Mit einer »bloß buchstäblichen Wiederholung« darf wirkliche Erziehung nicht verwechselt werden. Das gleiche gilt a fortiori für jedes höhere Niveau der Wissensvermittlung. Wenn Kant also beispielsweise eine Vorlesung zur allgemeinen Philosophie oder Weltweisheit hält, dann steht für ihn fest, daß diese Wissenschaft, die es als fertige Lehre noch gar nicht gibt, nicht über das Gedächtnis erworben werden kann. Nur mit einer »forschenden« Methode kann man sich einer solchen Wissenschaft nähern.

Nun gibt es freilich, wie Kant einräumen muß, einige Wissenschaften, die stärker als andere auf memorierbare Wissensbestände angewiesen sind. In ihnen haben sich manche Humanisten und Philologen als »Wundermänner des Gedächtnisses« hervorgetan. Diese Autoren, so schreibt er, schaffen mit ihren Gedächtnisleistungen ganze Kamelladungen wissenschaftlicher Materialien heran, die dann von anderen Köpfen, die denken gelernt haben, verarbeitet werden können. Insofern will Kant von solchen Gedächtniskünstlern auch nicht verächtlich reden, was er aber schließlich doch tut, wenn er ein Gedächtnis dieser Art nur zu den niederen Seelenkräften rechnet und zusammenfassend ziemlich schnöde feststellt: »Die untern Kräfte haben für sich allein keinen Wert, z. Ex. ein Mensch, der viel Gedächtnis, aber keine Beurteilungskraft hat. Ein solcher ist dann ein lebendiges Lexikon. Auch solche Lastesel des Parnasses sind nötig, die, wenn sie gleich nichts Gescheutes leisten können, doch Materialien herbeischleppen, damit andere etwas Gutes daran zu Stande bringen können.«

An zweiter Stelle und auf der mittleren Rangstufe der Intelligenz hat bei Kant das *ingeniöse Memorieren* seinen Platz. Unter diesem Ausdruck ist die alte, dem Ingenium zugeschriebene Mnemotechnik zu verstehen, wie sie auch zu seiner Zeit immer noch ihre Anhänger hatte. Was ist von dieser rhetorischen Kunst zu halten? Nicht viel oder sogar gar nichts, gibt Kant zur Antwort, sofern sie darauf beruht, daß die Gedächtnisinhalte, die vor dem Vergessen bewahrt werden sollen, willkürlich mit anderen Vorstellungen assoziiert werden, von denen anzunehmen ist, daß sie selber besser im Gedächtnis haften. Für Kant ist das eine widersinnige Methode, die darauf hinausläuft, das Gedächtnis bei jedem Gegenstand nicht nur einfach, sondern doppelt zu belasten. Für die psychische Paradoxie, daß zwei oder mehr miteinander verbundene Gegenstände eventuell leichter und dauerhafter behalten werden als einzelne Gegenstände, bringt Kants rationales Denken kein Verständnis auf. Vielleicht hat ihm hier auch seine Vorliebe, Gedächtnisinhalte als Lasten und Ladungen zu metaphorisieren, den Zugang zu solchen Überlegungen versperrt. Wie dem auch sei, in der willkürlichen »Zusammenpaarung« (so verdeutscht er einmal den Fachausdruck Assoziation) vermag Kant nur ein ganz und gar »ungereimtes«, vor der Vernunft nicht zu rechtfertigendes und regelloses Verfahren zu erblicken. Kein Wunder also, daß Kant nach diesen kritischen Überlegungen kategorisch feststellt: »Eine Gedächtniskunst *(ars mnemonica)* als allgemeine Lehre gibt es nicht.«

Es bleibt nun noch an dritter Stelle und auf der obersten Rangstufe der Intelligenz das *judiziöse Memorieren* zu erörtern. Es hat seinen Namen von der Urteilskraft *(iudicium),* hier verstanden als die Fähigkeit, unter der Masse der Gedächtnisinhalte eine vernünftige Auswahl zu treffen. Die Urteilskraft hat also gegenüber dem Gedächtnis eindeutig eine reduktive Funktion. Als Beispiel für judiziöses Memorieren nennt Kant in erster Linie das Linnésche System der natürlichen Arten, das zwar dem Gedächtnis immer noch zu schaffen macht, doch bei all seiner Komplexität so beschaffen ist, daß von sämtlichen denkbaren Gesichtspunkten der botanischen und zoologischen Taxonomie nur ein einziger, die Fortpflanzung nämlich, zur Grundlage des ganzen Systems gemacht ist. Als weitere Beispiele nennt Kant die »Topik« einer wohlgeordneten Bibliothek sowie die Abstraktionskunst der Kartographie. In diesen Zusammenhang gehört sicher auch die oben erwähnte quasi-rationale Vorstellung von den »Fächern« oder »Behältnissen« im Kopf, an denen Kant sich selber mnemotechnisch orientierte. Von all diesen Formen des judiziösen Memorierens erhofft Kant sich nicht nur eine spürbare Reduktion der zu speichernden Gedächtnisinhalte, sondern auch eine wirksame Hilfe, um jeweils Vergessenes schnell und zuverlässig ins Gedächtnis zurückrufen zu können.

Man sieht an diesen Überlegungen, wie bei Kant das Gedächtnis, soweit es überhaupt Beachtung findet, ständig zur Raison gerufen und in seinem übrigen psychischen Eigenleben eher eingeschränkt wird. Immer muß sich das Gedächtnis vor der Kontrollinstanz der Vernunft ausweisen und wird dabei in den meisten Fällen für unzureichend legitimiert befunden. Namentlich das »bloß« mechanische Auswendiglernen, aber auch die »bloß« mit ihren Assoziationen spielende Gedächtniskunst müssen es schließlich hinnehmen, daß sie aus dem Haus der Wissenschaften vertrieben werden. Nur das der Urteilskraft strikt unterworfene und von ihr zu vielen Verzichten gezwungene Gedächtnis gilt dem aufgeklärten Philosophen als genügend rationalisiert, um bei dem kritischen Geschäft, »selbst nachzudenken und zu schließen«, mitwirken zu dürfen. Bei Kant hat man fast den Eindruck, daß dem kritischen Philosophen beim Vergessen wohler ist als beim Memorieren; denn wer vergißt, ist wenigstens kein »Nachbeter« und »blinder Nachäffer« und kann auch als Vergessender, da er durch keine falschen Meinungen daran gehindert wird, als »Selbstdenker« tätig werden und auf diese Weise »würklich aufgeklärt« sein.

*

Um diese Überzeugungen Kants in ihrer Tragweite genauer einschätzen zu können, empfiehlt es sich, sie in einen Zusammenhang mit den Praktiken des Schreibens zu stellen. Dabei gehen wir wieder von den »Denk- und Erinnerungszetteln« (Borowski) aus, deren sich Kant im Alter zur Stütze seines natürlichen Gedächtnisses bedient hat, einschließlich jenes rätselhaften Zettels, auf dem Kant sich das dringlich zu Vergessende gemerkt hat. Ist das nun ein geeignetes Verfahren, wenigstens dem Gedächtnis aufzuhelfen? Davon dürfte Kant in der Tat überzeugt gewesen sein, da er in seiner Anthropologie das Schreiben eine »herrliche Kunst« nennt, die ohne weiteres das Fehlen eines natürlichen Gedächtnisses kompensieren kann. Das ist bei Kant durchaus praktisch zu verstehen; der Philosoph hatte nämlich, zumal bei seinen allabendlichen Spaziergängen (bei denen er keine redenden Begleiter duldete) die Gewohnheit angenommen, eine Schreibtafel in der Tasche mit sich zu führen, um auf der Stelle seine Einfälle zu notieren, und er nennt diese Art Gedächtnisstütze »eine große Bequemlichkeit«. Auch der Lampe-Zettel gehört offensichtlich in den gleichen gedächtnispraktischen Zusammenhang. Selbst für uns Heutige ist dieser Zusammenhang wohl plausibel, da wir nun, sofern wir Wasianskis Erinnerungen an Kants letzte Lebensjahre gelesen haben, zugleich mit den Nachrichten über das Leben des Philosophen auch den Namen seines Dieners Lampe in unser Gedächtnis aufnehmen können, was ohne die Speicherung in Schrift und Druck wohl nicht möglich wäre. Wir haben damit übrigens gleichzeitig unser narratives Gedächtnis geübt, da Kant selber unter den Techniken, mit denen jemand seine Gedächtnisleistungen verbessern kann, an erster Stelle das Einprägen von Namen aus Erzählungen aufführt.

Nun aber die Umkehrung, an der Wasianski so sehr Anstoß genommen hat. Durfte Kant denn hoffen, den Namen Lampe dadurch, daß er seinen Vergessensvorsatz aufschrieb, besser und schneller zu vergessen? Kann man überhaupt nicht nur das Gedächtnis, sondern sogar sein Gegenteil, das Vergessen, dadurch befördern, daß man etwas aufschreibt? Für diese Paradoxie scheint Kant selber ein deutliches Problembewußtsein gehabt zu haben. Zum Zusammenhang von Schrift und Vergessen, statt von Schrift und Gedächtnis, schreibt er nämlich einmal mit Bezug auf Platon: »Einer der Alten sagte: Die Kunst zu schreiben hat das Gedächtnis zugrunde gerichtet (zum

Teil entbehrlich gemacht)«. Als eigenen Kommentar setzt Kant diesem Platon-Zitat aus dem *Phaidros* hinzu: »Etwas Wahres ist an diesem Satz«.

Es ist tatsächlich etwas und sogar ziemlich viel Wahres daran, daß die Erfindung der Schrift, für Griechenland in vorhomerischer Zeit, einerseits der Menschheit eine unerhörte Ausweitung des kulturellen Gedächtnisses gebracht hat, andererseits aber dem bis dahin »oral« funktionierenden Gedächtnis einen erheblichen Stoß versetzen mußte. Hat man nur dieses natürliche Gedächtnis im Sinn, so ist die Schrift eher eine Verbündete des Vergessens als des Erinnerns zu nennen. Die »skripturale Revolution« *(the literate Revolution,* so Havelock) hat dieses natürliche Gedächtnis träge gemacht, und oft ist der Akt des Schreibens oder wenigstens Aufschreibens mit einer gleichzeitigen Löschanweisung an das mit dem verschriftlichten konkurrierende natürliche Gedächtnis verbunden, so wie es einmal der französische Schriftsteller Bernardin de Saint-Pierre im 18. Jahrhundert ausgedrückt hat: »Was ich zu Papier bringe, nehme ich aus meinem Gedächtnis heraus, und folglich vergesse ich es.«

Den nächsten Schub oder Stoß erhält das natürliche Gedächtnis in der Geschichte durch die Erfindung und Verbreitung des Buchdrucks seit dem ausgehenden 15. Jahrhundert. Nun werden die Bücher, die Borges »Trugbilder des Gedächtnisses« *(simulacros de la memoria)* nennt, für die Allgemeinheit erschwinglich und leicht erreichbar. Das kulturelle Gedächtnis ist seitdem in vielen öffentlichen und privaten Bibliotheken materiell vorhanden, und wenn jetzt auch vieles nicht mehr auswendig gewußt wird, so weiß man doch, wo es leicht zu finden ist.

Auf jeden der beiden Innovationsschübe, die dem handgeschriebenen oder gedruckten Gedächtnis einen kulturellen Vorsprung vor dem natürlichen Gedächtnis verschafften, hat die Gedächtniskultur auch epistemisch geantwortet. Die Antwort auf den mit der Erfindung der Schrift verbundenen Innovationsschub ist die von der Rhetorik entwickelte Mnemotechnik. Sie geht einher mit dem Übergang von der in gebundener Form überlieferten Dichtung (im weitesten Sinne des Wortes) zur Buchstabenkunst der Prosa-Literatur. Denn die Mnemotechnik der Rhetorik ist für die Prosa gemacht, die auf solche mnemophilen Hilfsmittel wie Metrum und Reim verzichten muß.

Auf den zweiten Schub, die Erfindung des Buchdrucks und die damit verbundenen Umschichtungen in der Speicherung des Wissens, antwortet epistemisch die intellektuelle Gedächtniskritik, zunächst bei den Moralisten (Montaigne), dann bei den Aufklärern, von Descartes bis Kant. Sie stellt mit zunehmender Radikalität die naive Akkumulation des Wissens in Frage und läßt von diesen Informationen nur gelten, was in die von der Vernunft bereitgestellten »Fächer« und »Behältnisse« paßt. So wird das natürliche Gedächtnis den Vernunftkriterien der Urteilskraft unterworfen. Man kann bei vielen Autoren des aufgeklärten Zeitalters, besonders deutlich bei Rousseau in seiner neuen Pädagogik, von einem regelrechten Krieg zwischen der Vernunft und dem Gedächtnis sprechen, der eindeutig zugunsten der Vernunft und zuungunsten des Gedächtnisses entschieden wird.

Auch bei Kant sind in dieser Hinsicht die Fronten klar. Auf der Gedächtnisseite stehen die »Nachbeter«, wobei man das Beten auch wörtlich nehmen darf, auf der anderen Seite die »Selbstdenker«, denen Kant sich selber zurechnet. Die letzteren zeichnen sich dadurch aus, daß sie, wie Borowski es von Kant sagt, »ohne die mindeste Rücksicht auf Autoritäten ... Wahrheit, reine Wahrheit aufsuchen und die gefundene dann verbreiten«. In Kants Wissenschaft macht das den Unterschied aus, der das bloße Lehren der Philosophie vom authentischen Philosophieren trennt. Nur in der Abwendung vom Gedächtnis, wie es noch in der von ihm vorgefundenen Schulphilosophie herrschte, konnte Kant der »große Zerstörer im Reiche der Gedanken« (Heine) und der »alles Zermalmende« (Mendelssohn) werden, auch wenn diese gewalttätigen Metaphern sonst gar nicht zu dem Charakterbild des Mannes passen wollen, von dem Borowski gesagt hat: »Das Wort Kindlichkeit drückt den ganzen Kant aus«.

*

Zurück zu Lampe. Von welcher Art war denn in dieser aufgeklärten Zeit das Gedächtnis eines einfachen Mannes namens Lampe? Darüber haben uns natürlich die Biographen, die ja Kants und nicht Lampes Leben aufzeichnen wollten, keine direkte Auskunft gegeben. Nur von seinem Nachfolger mit der lauten Stimme, Kaufmann, den Wasianski selber ausgesucht hatte, teilt dieser mit, daß er nach einiger Zeit bereits in der Lage war, Kants lateinische Zitate, wenn sie ihm nicht mehr vollständig einfallen wollten, fehlerfrei zu ergänzen. Ob Kant darüber wohl erfreut war?

Doch können wir in Kants philosophischen Schriften selber einige Hinweise finden, die geeignet sind, ein Licht auf Lampes Gedächtnis zu werfen, und indirekt damit auch auf sein eigenes Erinnern und Vergessen. Das Problem, das dem Philosophen zu diesen Bemerkungen Anlaß gibt, ist das der Vergeßlichkeit, in seiner philosophischen Fachsprache auch *obliviositas* genannt. Die Vergeßlichkeit wird von Kant recht anschaulich als ein Zustand beschrieben, bei dem der Kopf »wie ein durchlöchertes Faß« ist. Alte Leute haben nach Kants Erfahrung besonders unter diesem Übel zu leiden, doch tritt es nicht naturwüchsig als unvermeidliche Alterserscheinung auf, sondern ist vielfach darauf zurückzuführen, daß diese Personen ihr Gedächtnis von Jugend an durch allerhand Zerstreuungen verdorben haben. Das zügellose Romanlesen beispielsweise ist nach Kants strenger Überzeugung eine Beschäftigung, die den Geist an Zerstreutheit gewöhnt und dadurch für das Nachdenken verdirbt. Schon in der Schule muß folglich darauf geachtet werden, daß sich keine »habituellen Zerstreuungen« im Kopf der Schüler festsetzen, sonst erzieht man sie zur Vergeßlichkeit.

Nun könnte man vielleicht bei Kant und seinem Diener Lampe meinen, es müsse wenigstens der Philosoph, den man sich kaum als unaufmerksamen Schüler oder als kulinarischen Romanleser vorstellen kann, in seinem langen Leben wohl gelernt haben, mit den Gefahren der Zerstreutheit und Vergeßlichkeit fertigzuwerden, während man gerade bei Lampe in dieser Hinsicht eher besorgt sein müßte. Aber das Gegenteil scheint der Fall zu sein. Kant selber verzeichnet einmal als seine Lebenserfahrung, daß der »gemeine Mann« (und da können wir natürlich sofort an Lampe denken) bei seinen alltäglichen Geschäften offensichtlich keine Schwierigkeiten hat, die Inhalte seines Gedächtnisses ohne langes »Vernünfteln« auf die Reihe (Kant sagt: »auf die Schnur«) zu bringen. Der Gelehrte hingegen wird bei seinem Nachdenken unentwegt von Zerstreuungen geplagt, die ihn von der klaren Linie seiner Gedanken ablenken. So ist es nach dem Bericht des Biographen Jachmann auch von Kant selber bezeugt. In seinen Vorlesungen konnte schon ein fehlender Knopf an der Jacke eines Studenten und mehr noch die neue Mode der »geniemäßig« langen Haare eine solche Zerstreuung des Philosophen auslösen. Doch auch auf höherer Ebene blieben ihm Anfechtungen dieser Art nicht erspart, da nach einer Bemerkung Borowskis selbst das Amt des Rektors, das er an der Universität Königsberg zweimal ausübte, und zwar mit großer Pflichttreue, »viel Zerstreuendes« für ihn bereithielt. Gut also, wenn ein solcher Gelehrter, rundum von Zerstreuungen bedroht, einen Diener Lampe hat – der »Theoretiker« einen »Praktiker« (Wasianski) –, der als gemeiner Mann dem gelehrten Herrn das Gedächtnisgeschäft des Alltags abnehmen kann. Das ist offenbar, wie man von Jachmann erfahren kann, sehr vollständig geschehen. Als Kant nämlich einmal seinen Diener Lampe dafür tadelte, daß dieser statt der vorgeschriebenen weißen Livree ausnahmsweise einen gelben Leibrock trug, erfuhr er als dessen Entschuldigung nicht nur, daß der Bediente in dieser Kleidung am nächsten Tag heiraten wollte, sondern vernahm auch zu seiner großen Überraschung, daß Lampe schon viele Jahre lang verheiratet gewesen war.

Als nun also der Philosoph eines Tages, aus welchen Gründen auch immer, diesen bequemen Bediensteten mit seinem geradlinigen Gedächtnis entlassen hat, da haben offenbar die Zerstreuungen, insbesondere die »vielen fremdartigen Nebengedanken« an »häusliche Angelegenheiten«, mit dem Gelehrten noch heftiger ihr verwirrendes Spiel getrieben, als sie es ohnehin schon immer getan hatten. Ja, die Erinnerung an Lampe, den bequemen Gedächtnisdiener, könnte wohl selber zur großen, über alle Maßen quälerischen Zerstreuung geworden sein, die das Denken des Gelehrten lahmlegte, so daß dieser, wenn es bei ihm mit dem Philosophieren überhaupt noch weitergehen sollte, zuallererst den Namen Lampe vergessen *mußte*.

*

Nun ist aber bisher ein Aspekt des Kantschen Lebens und Philosophierens ausgespart geblieben, der allerdings geeignet ist, auf den Vergessenszettel, Lampe betreffend, ein vielleicht noch andersartiges Licht fallen zu lassen. Einer der Gründe nämlich, weshalb gleich drei Biographen noch in seinem Todesjahr 1804 ein Lebensbild des Philosophen vorgelegt haben, ist darin zu sehen, daß Kant in seinen letzten Lebensjahren von einer seine Königsberger Umwelt tief erschreckenden Schwächung seiner Geisteskräfte befallen wurde, die nach einiger Zeit in einer völligen »Geistesohnmacht« (Jachmann) endete. Diese Schwäche äußerte sich vor allem in einem zunächst schleichend einsetzenden, dann rapide fortschreitenden Schwund seiner Gedächtniskraft, die vielleicht, wenn die Symptome heute noch richtig zu lesen sind, als Alzheimer-Krankheit avant la lettre diagnostiziert werden kann.[3] Jenes herrliche, ungeheure Gedächtnis also, das zu rühmen sein früheres Leben soviel Anlaß gegeben hatte, zerfiel in nichts, und mit ihm der Geist dieses »größten Weltweisen seiner Zeit« (Jachmann). Ein Bild des Jammers bot sich den Freunden, und Jachmann – tief erschüttert, daß ihn der geliebte Lehrer eines Tages nicht mehr erkannte – schreibt: »Der Mann, der durch seine Lehre die Weisen Europas in Erstaunen versetzte, mußte sich von seiner alten Schwester, die vormals den Geist und die Sprache ihres Bruders nie begriffen hatte, einzelne Wörter zur Bezeichnung ganz gewöhnlicher Gedanken vorsagen lassen.« Doch legt derselbe Biograph in diesem Zusammenhang großen Wert darauf, daß Kants Befindlichkeit keinesfalls als »Geisteskrankheit«, sondern nur als »Geistesschwäche« aufzufassen ist. Das erinnert daran, mit welchen Schwierigkeiten rund einhundert Jahre später der »Irrenarzt« Alois Alzheimer bei seinen Fachgenossen zu kämpfen hatte, als er das später nach ihm benannte Leiden als eine ganz normale Krankheit diagnostiziert und behandelt sehen wollte.

Wann hat nun dieses Leiden – Altersschwäche oder Alterskrankheit – bei Kant eingesetzt? Darüber gehen die Angaben auseinander. Am weitesten geht Wasianski, der überhaupt Kants Gedächtnis am wenigsten preist und angesichts seines Gedächtnisschwundes im Alter darauf hinweist, daß Kant selber von sich schreibt, er sei schon in seiner frühesten Jugend ziemlich »vergeßsam« gewesen. So habe er doch tatsächlich einmal beim Spielen nach der Schule seinen Ranzen mit den Schulbüchern auf dem Spielplatz vergessen! Im fortgeschrittenen Alter habe er sich dann zwar an früheste Begebenheiten noch gut, an Jüngstvergangenes jedoch manchmal schlecht erinnert – was man aus heutiger Sicht als eine ganz normale Variation über das bekannte Thema »Old men forget« (Shakespeare) auffassen kann.

Aber wir finden dann bei demselben Biographen auch einige genauer beobachtete Symptome. So bemerkt er beispielsweise in seinen immer quälender werdenden Unterhaltungen mit Kant, dieser habe die Alltagssprache nur noch mit großen Schwierigkeiten, die Fachsprache der Wissenschaften hingegen noch mit großer Genauigkeit beherrscht. Das scheint vor allem die Gespräche bei Tisch erschwert zu haben, für die Kant sonst die strikte Regel aufgestellt hatte, daß keinesfalls über philosophische Gegenstände und am allerwenigsten über seine eigenen Bücher gesprochen werden durfte. Schließlich macht Wasianski noch auf eine Begebenheit aufmerksam, die in das Jahr 1802 fällt, in eine Zeit also, für die der Biograph schon eine gewisse, auch von Kant selber bemerkte »Abnahme seines Gedächtnisses« verzeichnet. Eben aus diesem Grunde hat Kant um diese Zeit bereits die Gewohnheit angenommen, sich »zur Vermeidung der Wiederholung und aus Vorsorge für die Mannigfaltigkeit der Unterhaltung« kleine Merkzettel anzulegen.

---

3 Ich übernehme diese Diagnose von Alexander Kurz. In: Annelies Furtmayr-Schuh, *Das große Vergessen. Die Alzheimer-Krankheit.* Zürich: Kreuz 1992, S. 25 f.

Als nun im Sommer dieses Jahres Kants Studierstube neu geweißt wurde und der Philosoph seine Sachen aufräumen mußte, wollte er den ganzen Stapel der Merkzettel, die sich bis dahin angesammelt hatten, verbrennen. Gleichviel, ob nun diese Absicht als Ausdruck seines Ordnungstriebes oder aber als willentliche Vergessensstrategie zu deuten ist, die Verbrennung kommt jedenfalls nicht zustande, da Wasianski sich die Papiere als Erinnerungsgegenstände erbittet. Da Lampe zu diesem Zeitpunkt bereits ein halbes Jahr »abgeschafft« war, befand sich möglicherweise auch der Lampe-Zettel bei diesem, sozusagen, Vorlaß. Wenn das der Fall sein sollte, könnte jetzt von Interesse sein, ob der zu Papier gebrachte Vorsatz, den Namen Lampe »völlig« zu vergessen, in dem Zeitraum dieses halben Jahres bei Kant wohl zum Erfolg geführt hat.

Darüber können wir nur spekulieren, denn etwa um die gleiche Zeit breiten sich ja schon die Symptome der Alzheimer-Krankheit dramatisch über Kants Bewußtsein aus. In dem großen Vergessen, als das man diese Krankheit auch bezeichnet hat, verliert sich für uns auch das Vergessen oder Nicht-Vergessen Lampes. Oder dürfen wir vielleicht sogar vermuten, es könnte im Leben Immanuel Kants gerade die nicht zu vergessende Trennung von seinem Vertrauten Lampe dasjenige Ereignis gewesen sein, das dem Leben des Philosophen auf dem Weg in die Nacht des Vergessens den letzten Stoß versetzt hat? Ist der Lampe-Zettel dann vielleicht gar nicht Merkzettel für einen lebenspragmatischen Imperativ, sondern Ausdruck der frommen Ergebung in das mit fataler Notwendigkeit über ihn hereinbrechende Verhängnis des Vergessens, in dessen Nacht er nun eintauchen *muß*?

Soziologie. Eine Kolumne

Standorte in der Standortdebatte

Von Karl Otto Hondrich

Es war eine jener Tagungen mit Themen wie »Das Ende der Arbeit?«, »Soziale Integration« oder »Brauchen wir einen neuen Gesellschaftsvertrag?«. Ein Guru aus Amerika, Jeremy Rifkin, hatte die Vision vorgegeben: Da der Markt immer mehr Arbeitsplätze vernichte und der mittellose Staat keine neuen schaffen könne, müßten die Arbeitslosen von einem »Dritten Sektor« aufgefangen werden. Ihn gelte es auszubauen. In einer gemeinnützigen Non-profit-Sphäre liege die Zukunft postindustrieller Gesellschaften.

In der Diskussion bezweifelte ich den Wert dieser Vision für deutsche Verhältnisse. Was Rifkin fordere, sei hier längst existent: ein dichtes Netz von (alten) Vereinen und (neuen) Selbsthilfegruppen, von Nachbarschaften und Verwandtschaften, von öffentlich-rechtlichen Versicherungen, Körperschaften und Kammern, von Kommunen, Bildungsstätten, Bürgerinitiativen. Eigentlich wollte ich damit Mut machen, auf die vorhandenen Grundlagen und Scharniere sozialer Integration hinweisen. Aber so weit sollte es nicht kommen. Meine Gesprächspartner auf dem Podium - hochrangige Politikerinnen von SPD und Grünen und ein Vordenker der CDU-Linken - hielt es nicht auf den Stühlen. Unisono fielen sie über mein Bild her und stellten es richtig: Deutschland, das ist Arbeitslosigkeit, Neue Armut, Löhne unter dem Existenzminimum für Friseusen, ausgepowerte Sozialkassen, desorientierte Studenten, überlastete Universitäten, fehlende private Stifter, Geringschätzung des Ehrenamtes, zerbrechender Generationenvertrag, Entsolidarisierung ... War vom selben Land die Rede?

Offenbar kann man die Dinge so und so sehen, je nach dem Standort des Betrachters. Karl Mannheim, der Begründer der Wissenssoziologie, sprach von der »Standortsgebundenheit« des Denkens. Das war vor siebzig Jahren. Heute scheint uns die Seinsverbundenheit allen Wissens so selbstverständlich zu sein, daß die Wissenssoziologie etwas aus der Übung gekommen ist. Sind wir über Mannheim hinausgelangt? Dann müßten wir erklären können, warum meine Mitdiskutanten trotz unterschiedlicher politischer Standpunkte in ihrem negativen Votum zur Bundesrepublik so weit übereinstimmen; und warum sich mein Gesellschaftsbild von ihrem unterscheidet, obwohl unser Standort fast derselbe ist, was Herkunft, Sprache, Bildung, Einkommen, soziale Sicherung, Staatsnähe angeht. Unterscheidet es sich überhaupt? Was heißt es, unterschiedliche soziale Standorte zu haben? Kann nicht ein und dieselbe Person mehrere Standorte einnehmen, sich bewegen? Ist es dann nicht sinnvoller, statt von Standorten von sozialen Prozessen zu reden, die in unser Gesellschaftsbild eingehen?

Vier grundlegende Prozesse des sozialen Lebens sind es in erster Linie, die unser Gesellschaftsbild prägen. Erstens, das (miteinander) *Teilen.* Manche der wechselnden Probeme, Bedrohungen, Aufgaben, Lösungen des Zusammenlebens teilen wir mit vielen, andere mit wenigen Menschen. Davon hängt es ab, ob unser Gesellschaftsbild ein weitgespanntes oder ein sehr eng umgrenztes ist, wen es - auch als Gegner - einschließt und wen es ausblendet. Das *Werten,* zweitens, bezeichnet den Vorgang, durch den Gefühle, Interessen und ethische Begründungen in unsere Wahrnehmung von Gesellschaft eingehen. Drittens ergibt sich aus dem *Bestimmen* oder Gestaltenwollen des sozialen Lebens, also aus einer aktiven, politischen Zukunftsorientierung, eine andere Sicht von Gesellschaft als aus dem Ruhen im Herkünftigen. Die vierte Prägekraft schließlich ist das Bewußtmachen oder *Offenlegen* einer bestimmten Sicht der Dinge. Es impliziert zwangsläufig, daß andere Aspekte der sozialen Realität zurückgedrängt, verborgen oder geborgen bleiben – möglicherweise gerade die wirkungsmächtigsten.

Das Gesellschaftsbild des Arbeiters hieß eine wichtige soziologische Forschungsarbeit von Heinrich Popitz, Hans Paul Bahrdt und anderen, erschienen 1957. Die Arbeiter in der Hüttenindustrie, so ihr Ergebnis, haben ein dichotomes Bild der Gesellschaft: *Wir hier unten, ihr da oben* hat das Günter Wallraff, als Reporter selbst in die Rolle des Arbeiters schlüpfend, später einprägsam als Buchtitel formuliert. Wird dieses Bild von den meisten Arbeitern, auch außerhalb der Schwerindustrie, geteilt? Wird es nicht nur von Arbeitern, sondern auch von Angestellten, Selbständigen, Beamten, Schülern und Studenten geteilt? Vielleicht nicht nur vom Großteil der Menschen in Deutschland, sondern auch in anderen Industrienationen? Teilen die Menschen dieses Bild vielleicht sogar überall auf der Erde, unangesehen dessen, ob sie in industriellen, feudalistischen oder Stammesgesellschaften leben? Teilen wir, in den postindustriellen Gesellschaften, dieses Bild noch mit unseren Großvätern? Die Fragen, so interessant sie sind, müssen unbeantwortet bleiben. Es gibt allerdings Vermutungen. Die meisten gehen wohl in die Richtung, daß das dichotome Gesellschaftsbild auf dem Rückzug sei. Aber nicht darauf kommt es hier an. Vielmehr führen die Fragen zu der Einsicht, daß wir nicht wissen, mit wem alles wir einen sozialen Standort teilen. Ein Standort in der Gesellschaft ist offenbar kein Stand*punkt,* auf dem nur eine oder einer steht, sondern ein Gebiet, das sich enger oder weiter ausdehnt, je nachdem wie viele Menschen ein bestimmtes Merkmal oder einen Blick teilen.

Seitdem sich Menschen in Raumschiffen außerhalb der Erde, also exterritorial bewegen, von dort auf die Erde schauen und deren Bild via Satellit und Fernsehen praktisch allen Menschen mit teilen können, gibt es für die Menschheit einen einheitlichen, von allen geteilten Standort, weil es eine von allen geteilte Ansicht gibt. Würde diese gemeinsame Sicht zur Ansicht einer Gefahr, etwa eines auf die Erde zurasenden Meteoriten oder eines die Erde entblößenden Ozonlochs, dann würde daraus eine gemeinsame Angst und ein gemeinsames Schutzinteresse. Die ganze Erde, als Menschenwelt, ist nicht an sich *ein* Standort. Sie kann aber dazu *werden* – trotz aller Unterschiede, die zwischen Menschen und Kulturen nach wie vor bestehen bleiben. Was den Menschen zu einem einheitlichen Standort des Wahrnehmens und damit zu einer Gesellschaft – in diesem Falle: Welt-Gesellschaft – verhilft, ist ein gemeinsamer Ansichtspunkt außerhalb ihrer selbst, eine »exzentrische Positionalität«. (Der philosophische Anthropologe Helmuth Plessner gebrauchte den Begriff, um die Besonderheit der menschlichen Existenz im Vergleich zu der anderer Lebewesen zu verdeutlichen. Wir Soziologen sollten damit weiterarbeiten, um die Entwicklung unserer verschiedenen kollektiven Existenzen besser zu verstehen.) Die vergesellschaftende Wirkung des geteilten Bildes wird noch verstärkt, wenn es das Bild einer Gefahr ist. Probleme, wenn sie denn gemeinsam wahrgenommen werden und nach einer gemeinsamen Lösung rufen, erschaffen einen kollektiven, von vielen geteilten Standort.

Den Standort Erde nehmen wir selten ein; am ehesten noch, wenn von der atomaren oder ökologischen Selbstzerstörung der Erdenbewohner die Rede ist. Aber auch dann ist meistens nur die Rede davon. Und meistens nur unter uns Pfarrerstöchtern, den gebildeten Kreisen in den Industrienationen. Mit den Armen der Erde in Afghanistan und Äthiopien teilen wir unsere diesbezüglichen Ansichten und Probleme nicht, so sehr wir es auch möchten. Sie haben andere Probleme und deshalb auch andere vergesellschaftende Bilder.

Öfter nehmen wir den Standort Europa ein. Europa darf nicht in Kleinstaaterei verharren, heißt es angesichts der großen Märkte und Konkurrenten in Amerika und Asien. Oder: Europa muß mit einer Stimme sprechen; es muß in sich selbst Frieden halten; und es soll sein Bild des Menschen und der Menschenrechte mutig nach außen vertreten. Noch öfter nehmen wir den deutschen Standort ein: Die Löhne, die Lohnnebenkosten und der Sozialstaat sind in der Bundesrepublik unbezahlbar geworden, sagen die einen. Der Sozialstaat und der soziale Frieden sind unsere Stärke, entgegnen die anderen. Und vor beiden steht das Bild der internationalen Konkurrenz. Das vereint. Man streitet *mit*einander: Gewerkschaften mit Arbeitgebern, Sozialdemokraten mit Christdemokraten, Christlich-Soziale mit Liberalen. Streit verbindet, wie wir seit Georg Simmel wissen. Egal ob die Globalisierung als Gefahr nur an die Wand gemalt wird oder eine Gefahr ist: in der Diskussion darüber entsteht ein von allen Streitenden geteilter nationaler Standort. Indem sie mit anderen Deutschen (und nicht mit Koreanern, Kanadiern, Südafrikanern) in eine Diskussion eintreten – auf deutsch kann man treffend auch sagen: eine Diskussion *bestreiten* –, teilen und bestärken sie einen deutschen Standort, ironischerweise auch dann, wenn sie seinen Wert oder seine Nützlichkeit bestreiten.

In unseren alltäglichen Problemen und den darin entstehenden Bildern von Gesellschaft beziehen wir in der Regel weder einen weltbürgerlichen noch einen europäischen, noch einen nationalen Standort. Unsere Standorte sind dort eher geschlechtstypisch (im Streit mit dem Partner), von religiöser Teilhabe bestimmt (im Kruzifixstreit), ergeben sich aus Autoritätsverhältnissen (Ärger mit Vorgesetzten) oder – immer noch! – aus gemeinsamer Klassenlage (Proteste gegen einseitig aufgekündigte Lohnfortzahlung im Krankheitsfall). In vielen Fällen nehmen wir einfach den Standort einer tief verinnerlichten Mehrheitsmoral ein – gegen diejenigen, die dagegen verstoßen: »Kinderschänder«, Gewalttäter in der Familie, organisierte Mafia, Kriegsverbrecher, neue Nazis ... Mit allen, mit denen wir die Empörung dagegen teilen, teilen wir einen gesellschaftlichen Standort. Er ist nicht regional, national oder europäisch begrenzt, aber unbegrenzt über die ganze Welt erstreckt er sich auch nicht. Wir wissen nicht, wie weit er reicht. Die Grenzen sozialer Zugehörigkeit variieren von Problem zu Problem, und sie verschwimmen im Unbekannten. So leben wir in vielen Gesellschaften, mit vielen Gesellschaftsbildern zugleich, und ahnen allenfalls, wie weit und von wem sie jeweils geteilt werden.

Was liegt näher, als aus dieser Vielfältigkeit und Unübersichtlichkeit der Standorte und Gesellschaftsbilder den Schluß zu ziehen, daß es bald gar keine geteilten, also kollektiven Standorte mehr gebe, sondern nur noch ungeteilte, individuelle, solche, die jeder Mensch einzig und allein für sich hat und mit niemand anderem teilt. Die Individualisierungstheoretiker, die dies visionär für die Zukunft anpeilen, sind zu bescheiden: Der Zustand vollkommener Individualität ist längst erreicht; es gibt keinen Menschen, der mit irgendeinem anderen alle seine Standorte teilt. Und doch ist diese Einsicht – und damit die Individualisierungsthese – in hohem Maße irreführend und irrelevant. Irreführend, weil die Einzigartigkeit und Unverwechselbarkeit der individuellen Standortkombinationen eine Vielzahl von geteilten, also kollektiven Standorten zur Voraussetzung und Bedingung hat; wachsende Individualität und wachsende Zugehörigkeit zu sozialen Kreisen sind zwei Seiten derselben Medaille, wie schon Simmel gezeigt hat. Soziologisch irrelevant ist die Individualisierungsthese deshalb, weil jedes Fühlen und Handeln irgendeine Art von sozialer Wirkung nur dadurch hat, daß es von anderen geteilt wird – egal ob diese Art

von Kollektivität eine vorhandene oder eine neu sich bildende ist (in der Regel beides). Die soziologisch wichtige Frage ist deshalb nie die nach den Individualitäten, auch nicht die nach beliebigen Kollektivitäten, sondern immer die nach den jeweils wirkungsmächtigsten Kollektivitäten. Diese verändern sich mit den Problemen. Stellen sich Probleme weltweit, dann ist der wirkungsvollste Standort-Rahmen zu ihrer Lösung nicht die Weltmenschheit – weil in ihr zu viele Menschen zu wenig miteinander teilen – und nicht das Individuum oder die kleine Gruppe – weil in ihr zu wenig Menschen zu viel miteinander teilen –, sondern etwas dazwischen: die regionale Gemeinschaft (wie Europa) oder der nationale Staat.

Im Rahmen der staatlich begrenzten Gesellschaft bewegen sich denn auch die meisten soziologischen Analysen und Aussagen: über Klassen und Schichten, über Säkularisierung und Demokratisierung, über Meinungen und Moral. Praktisch die gesamte soziologische Meinungsforschung beruht hierzulande auf Samples, die »repräsentativ sind für die Bevölkerung der Bundesrepublik Deutschland«. Sofern man über den Tellerrand hinausblickt, wie im »eurobarometer«, werden die Ergebnisse doch wieder nach Nationen ausgewiesen. Wie von selbst wird der nationale Standort im Forschungsdesign auch von denen immer wieder eingenommen, die ihn für überholt erklären.

Die Forschungsfrage, wie weit denn Gesellschaftsbilder, Teilnehmen und Teilhaben, Zugehörigkeits- und Zusammengehörigkeitsgefühle tatsächlich reichen, wird in der Soziologie so gut wie nicht gestellt. Die Reichweite wird immer schon vorausgesetzt. So in der Standardfrage der Survey-Forschung: »Wie beurteilen Sie die heutige wirtschaftliche Lage in Deutschland?« Das Interessante an dieser Frage ist, daß sie durch eine zweite Frage ergänzt und kontrastiert wird: »Und Ihre eigene wirtschaftliche Lage heute?« (Ich gehe im folgenden von den Formulierungen und Daten des »Allbus«, ZUMA Mannheim, aus. Andere Institute arbeiten mit fast gleichlautenden Fragen und gelangen zu ganz ähnlichen Ergebnissen.) Den Befragten wird also nacheinander eine kollektive und eine individuelle Orientierung angesonnen, sie sollen einen nationalen und einen persönlichen Standort einnehmen.

Vom Standpunkt des Forschers aus handelt es sich um eine empirische Frage. Die Antworten, zusammengenommen, ergeben ihm die (Teil)Beschreibung einer (Teil)Wirklichkeit der Gesellschaft der Bundesrepublik. Aber die Wirklichkeit, um die es hier geht, ist keinesfalls eine bloß beschriebene, sondern eine beurteilte. Es ist ein Vorzug der Frage, daß sie dies in der Formulierung deutlich zum Ausdruck bringt. Täte sie es nicht, bäte sie den Befragten etwa, die Lage (nur) zu beschreiben, dann ginge gleichwohl in seine Antwort unweigerlich ein Urteil ein. Jedes Bild der Wirklichkeit enthält, ausgesprochen oder versteckt, eine Wertung. Alle Vorstellungen des sozialen Lebens, die wir haben, sind *bewertete.* Unser Standort ist immer ein Standort des Wertens. Jeder soziale Tatbestand ist ein moralischer, zu dem wir unweigerlich zwischen »gut« und »schlecht« Stellung beziehen. Der empirische Gegenstand der Soziologie ist die Moral, wie Emile Durkheim nicht müde wurde zu betonen.

Betrachtet man nun die Antworten auf die beiden Fragen, dann fällt auf, daß sie immer die gleichen Muster aufweisen (auch wenn die Untersuchungszeiträume und -institute veschieden sind): Es springt ins Auge, erstens, daß die Beurteilung der kollektiven Lage viel stärker schwankt als die der individuellen. Letztere dagegen wird relativ gleichbleibend eingeschätzt. Und zwar, dies ist das zweite bemerkenswerte Muster, immer wesentlich besser (mit einer Ausnahme, im Jahr des Vereinigungsbooms 1990). Immer beurteilen über 50 Prozent der Befragten die eigene Lage als gut oder sehr gut. 1994 waren dies 57 Prozent der Westdeutschen, von denen zugleich nur

12 Prozent die »Lage in Deutschland« für gut oder sehr gut hielten. Genauso bei den Ostdeutschen: Auch hier sahen nur 12 Prozent die kollektive deutsche Lage positiv – aber fast 50 Prozent ihre eigene individuelle Lage, mit steigender Tendenz!

Wie kommt diese erstaunliche Diskrepanz zustande? Eine erste Erklärung wäre die, daß sie gar nicht »echt« ist, weil die Menschen ihre individuelle Situation besser darstellen, als sie ist. In dem Maße, in dem man sich die eigene Lage selbst zuzuschreiben hat, gibt eine negative Lagebeurteilung auch ein negatives Selbstbild ab. Deshalb neigt man dazu, die individuelle Lage zu beschönigen – und steht dann selbst in einem besseren Licht da. Umgekehrt trägt man für das kollektive Wohlergehen nur eine verschwindend geringe Mitverantwortung. Man kann also die Lage in Deutschland als schlecht bezeichnen, ohne daß der individuelle Selbstwert darunter leidet. Beide Tendenzen, die zur individuellen Aufwertung und die zur kollektiven Abwertung, tragen also dazu bei, die Diskrepanz aufrechtzuerhalten und zu stützen. Daß man sich in der Selbstdarstellung seiner ökonomischen Lage erhöht, mag einleuchten. Daß die eigene Lage um so wertvoller erscheint, je mehr man die Lage der anderen abwertet, ebenso. Die negative Zeichnung der allgemeinen Situation könnte also eine Verzeichnung sein, um das individuelle Selbstwertgefühl zu heben.

Bevor wir uns auf diese Interpretation versteifen, prüfen wir eine andere. Nicht nur die Frage nach der wirtschaftlichen Lage in Deutschland, sondern auch die nach der eigenen wirtschaftlichen Lage zielt auf einen *kollektiven* Zustand – beide zielen sogar auf den gleichen. Die zweite Frage gelangt allerdings anders, gleichsam eleganter zum Ziel: Die Forscher fragen nicht direkt nach der Lage im Ganzen, sondern setzen das Bild des Ganzen als Summe von Einzelbildern zusammen. Diese Einzelbilder sind erfahrungsgesättigt. Mit ihrer eigenen Lage beurteilen die Menschen etwas, was sie beurteilen *können.* Gar keine persönliche Erfahrung aber kann es für die allgemeine Lage geben. Sie ist viel zu groß, komplex und unanschaulich, als daß irgendein einzelner ein sinnliches Bild davon haben könnte. Jedes Bild von ihr ist notwendig ein winziger Ausschnitt (»Man sieht mehr Bettler heute als früher«) oder ein abstraktes Bild, von Experten gemalt, von Politikern und Journalisten selektiv und plakativ aufgenommen und popularisiert. Die Antworten auf die Frage nach der allgemeinen Wirtschaftslage spiegeln wider, was von den Meinungen der öffentlichen Meinungsführer – die ebenfalls keine persönliche Erfahrung des Ganzen haben können – bei der Bevölkerung ankommt.

Welche Interessen und Werthaltungen der meinungsführenden Eliten nun gehen in dieses popularisierte Gesellschaftsbild ein? Bei den jeweiligen *Regierungsparteien* ein Interesse an Machterhaltung; es führt dazu, das Bestehende und das Erreichte zu beschönigen und die allgemeine Lage positiv zu zeichnen. Gleichwohl kann auch eine Negativzeichnung den Machthabern dienen: wenn sie nämlich die schlechte Lage nicht sich selbst zuschreiben lassen müssen, sondern äußeren Umständen wie der Globalisierung in die Schuhe schieben können; ferner wenn sie im Vergleich zur Opposition als die kompetenteren Problemlöser gelten; und schließlich wenn sie sogar glauben machen, daß die frühere Politik der Opposition und ihrer Klientel (etwa der Gewerkschaften) an der kollektiven Misere mit schuld ist. Sind diese Bedingungen gegeben, dann schießt die Opposition, wenn sie mit einer allzu kritischen Zeichnung der Verhältnisse an die Macht will, ein Eigentor. (Dies erklärt vielleicht, warum es der SPD so schwer fällt, wieder stärkste Partei zu werden.) Als Oppositionspartei versteht sie sich gleichwohl in der Rolle, die kollektive Lage als schlechte zeichnen zu müssen.

Für die *Journalisten* ist nur die neue Nachricht und die schlechte Nachricht eine Nachricht. Sie haben somit ein besonderes Berufs- und Marktinteresse daran, nicht das Gleichbleibende, sondern das punktuell sich Verändernde zu melden und schlechte Meldungen noch einmal besonders hervorzuheben.

Alle zusammen, Politiker jeder Couleur und Journalisten, teilen als Träger des öffentlichen Lebens eine besondere Werthaltung, die man positiv als *Gestaltungsethik* bezeichnen kann. In ihr äußert sich eine Zukunftsorientierung des öffentlichen Handelns: Das Bild der Gesellschaft soll besser werden, ob im progressiven oder im konservativen Sinne. Würde die gegenwärtige kollektive Lage so gut geschildert werden, wie sie als individuelle Lage von den Individuen in der Summe – und damit eben auch als kollektive Lage! – gelegentlich erlebt wird, dann würde implizit die Daseinsberechtigung oder zumindest die Dringlichkeit von Politik als intentionaler Zukunftsgestaltung überhaupt in Frage gestellt. Ob man als Politiker in der Regierung oder in der Opposition ist oder als Journalist das Geschehen kritisch begleitet: Die ihnen gemeinsame Gestaltungsethik ist es, die das Bild der gegenwärtigen Gesellschaft immer als besserungsbedürftig und damit als kritisch erscheinen läßt.

Noch in einem weiteren Punkt teilen die politischen und die kommentierenden Eliten als privilegierte Minderheiten ein Interesse, die Lage des Kollektivs, also der Mehrheit, schwärzer zu malen, als die das Kollektiv bildenden Individuen es in bezug auf ihre eigene Lage tun: Die Eliten bekunden damit ihr Verständnis für die Mehrheit und für unterprivilegierten Minderheiten, denen es schlechter geht. Will man diese Haltung als Werthaltung verstehen, dann kommt in ihr eine *Verantwortungsethik* zum Ausdruck: Wir wissen, wie schlecht es euch geht, und wollen es besser machen. Sieht man in derselben Haltung ein Interesse am Werk, dann ist es eins der Vorsicht und der Beschwichtigung: Indem wir sagen, wie schlecht es allgemein geht, machen wir uns mit euch gemein; wir leiden mit euch, also seht uns nicht als Privilegierte an und seid nicht böse, wenn ihr herausfindet, daß wir privilegiert sind.

Die zwei unterschiedlichen Gesellschaftsbilder, die die Fragen nach der allgemeinen Wirtschaftslage in Deutschland und nach der persönlichen wirtschaftlichen Lage zu Tage fördern, stehen auch für zwei völlig unterschiedliche kollektive *Bewußtseins*stufen. Während das Bild der schlechten Wirtschaftslage das *öffentliche* Bewußtsein dominiert, bleibt das Bild des von der Mehrheit geteilten individuellen Wohllebens privat. Es hält sich im *verborgenen* – aber dort hält es sich hartnäckig, gegen alle Unkenrufe der öffentlichen Meinung. Wenn es denn Verbündete bräuchte, dann fände es sie in den Bildern der Experten, die in Archiven, statistischen Jahrbüchern und Sammelbänden *geborgen* sind. Sie sind zwar im Prinzip öffentlich, können aber allein ihrer Komplexität wegen nicht zur öffentlichen Meinung werden. In den Zeitreihen und Ländervergleichen der sozial- und wirtschaftswissenschaftlichen Fachleute zeichnet sich ein undramatisches und positives Bild der gesellschaftlichen Entwicklung in Deutschland. Der Schandfleck in dieser Entwicklung, hohe und steigende Arbeitslosigkeit und Sozialhilfebedarf, braucht in keiner Weise retuschiert zu werden. Während sich die *öffentliche* Meinung an ihm und an Reizworten wie Desintegration und Entsolidarisierung abarbeitet, zeigen die Langzeit- und Vergleichsanalysen eine geradezu erstaunliche Beständigkeit und Funktionsfähigkeit von integrativen Mechanismen: die Jugendkriminalität steigt *nicht,* die Alten verarmen *nicht,* sondern stehen sich besser als je zuvor, die Gefühls- und Hilfsbeziehungen zwischen den Generationen lösen sich *nicht,* sondern festigen sich, die Vereine und privaten Initiativen sterben *nicht,* sondern vermehren sich, die Universitäten leisten *nicht* weniger, sondern mehr für die gesellschaftliche Integration ...

Ob im Konflikt der Gesellschaftsbilder die angstbesetzten und angstbesessenen die Menschen eher aufrütteln und zu neuen Ufern führen, mag bezweifelt werden. Die Versuche der Meinungsführer von rechts und links, sich in kritischen Gesellschaftsbildern zu überbieten, erinnern an eine autoritäre Pädagogik der Drohung mit dem Schlimmsten. Von einer modernen Motivationspsychologie scheinen die Protagonisten der Modernität merkwürdig weit entfernt. Von einem Bild moderner Sozialität als einer Gesellschaft wachsender und gleichwohl aushaltbarer und produktiver Widersprüche ebenso.

Der Rest ist Schweigen

Jack Miles' Biographie Gottes

Von Jan Assmann

Die Bibel ist nicht nur das meistgelesene, sondern auch das auf verschiedenste Weise gelesene Buch der Welt. Man würde es kaum für möglich halten, daß jemand dieses Buch auf wirklich neue Weise lesen könnte. Jack Miles ist genau dies gelungen.[1] Seine Lesung der Bibel ist neu, überraschend und äußerst aufschlußreich. Hier wird die Bibel weder im frommen noch im historisch-kritischen Sinne gelesen, sondern einer ästhetischen Lektüre unterzogen. Aber darin liegt noch nicht das Neue; seit dem 18. Jahrhundert konnte man die Bibel so lesen. Neu ist vielmehr, daß Miles nicht nur poetische Formen, metrische Systeme, sprachliche Stile, Erzähltechniken oder auch Aufbau und Komposition einzelner Texte oder Bücher untersucht, sondern den gesamten Text in der Reihenfolge seiner Bücher und Kapitel als literarisches Werk behandelt. Die Reihenfolge ist nicht die der christlichen, sondern der jüdischen Bibel, des Tanach. Für die »Biographie« Gottes, die Miles in dieser Lektüre nachzeichnet, ist die Reihenfolge absolut entscheidend. Die christliche Bibel zeichnet eine andere Lebenslinie, die auf das Neue Testament vorausweist und an die dieses anschließen kann. Daher sagt Miles: Der Tanach und das Alte Testament sind zwei verschiedene Bücher, zwei »Klassiker der Weltliteratur«, die sich zwar sehr ähnlich sehen, aber aufgrund ihrer verschiedenen Komposition in ihrer Semantik tiefgreifend unterscheiden.

Die Bibel sequentiell lesen, heißt, sie »naiv« lesen, als wäre sie ein Buch wie andere Bücher auch und als würde man sie zum ersten Mal und ohne professionelle Absichten lesen. Das Gegenstück zur naiven Lektüre ist die Interpretation. Lesen und interpretieren sind zwei diametral entgegengesetzte Verfahren. Das eine verfährt linear von vorn nach hinten, das andere faßt von hinten her das Ganze wie einen Raum in den Blick. Die Bibel ist immer interpretierend gelesen worden, ja sie liest sich sogar selbst mit diesem vom Ende her verräumlichenden Blick. Sie ist Text und Kommentar zugleich. Jede normale Bibelausgabe enthält ein Netz von Querverweisen, das diese dichte Intertextualität sichtbar macht. Da ist kaum ein Text, der nicht auf Schritt und Tritt auf andere verweist. Diesen kommentierenden Verweisungs-

[1] Jack Miles, *Gott. Eine Biographie.* München: Hanser 1996.

raum, der dem Text selbst eingeschrieben ist, bringt die strikt linear-sequentielle Lektüre zum Verschwinden.

Vor allem aber liest Miles den Text auf die Gestalt seines Protagonisten hin. Dabei wird »der Herr« konsequent als eine literarische Gestalt betrachtet, deren Lebens- oder Entfaltungslinie sich ausschließlich in der Textzeit spiegelt, und zwar in der Erzählzeit und nicht in der erzählten Zeit, so daß »vorher« und »nachher« im Text auch »vorher« und »nachher« in der Geschichte Gottes sind und jeder neue Text einen neuen Abschnitt im »Leben« des Herrn eröffnet. Die eigentliche Wirkung großer literarischer Schöpfungen kommt erst zum Tragen, wenn man sie so in den Blick faßt, als führten sie ihr Eigenleben außerhalb des Textes, als wäre also der Text ihre »Biographie«. Das heißt nichts anderes, als sich auf das Als-ob der Fiktion einzulassen. Diese Unterscheidung, die Miles (wie vor ihm schon Harold Bloom[2]) an Hamlet erläutert, ist gleichwohl nicht ganz einfach nachzuvollziehen. Wie soll man sich Gott einerseits als literarische Gestalt und damit ganz auf die fiktionale Welt des Textes bezogen vorstellen und andererseits zugleich als eine Figur mit Eigenleben jenseits des Textes, wobei – und das ist der entscheidende Punkt – auch dieses Eigenleben eine Schöpfung des Textes ist?

Man könnte das mit dem »3-D-Effekt« bestimmter computererzeugter Bilder vergleichen, die sich in Vorder- und Hintergrund verräumlichen, sowie man den Blick so auf das Bild richtet, daß man einen imaginären Punkt hinter dem Bild fixiert und diesen Punkt gleichsam durch das Bild hindurch betrachtet. Der räumliche Effekt des Bildes tritt also nur hervor, wenn man das Bild so betrachtet, als wäre etwas dahinter; genauso tritt der Effekt einer textunabhängigen Lebendigkeit fiktionaler Gestalten erst dann hervor, wenn man sie außerhalb des Textes imaginiert und den Text mit einer auf diesen imaginären Ort gerichteten Aufmerksamkeit liest. Dies geschieht im Falle großer Literatur; im Tanach stellt sich dieser Effekt der Lebendigkeit ein – also ist er große Literatur.

Wenn Miles den Tanach als literarischen Text liest, dann definiert er den literarischen Charakter und Rang des Textes von dieser Gestalt her. Nicht die kunstvolle Komposition, die poetische Form, die packende Wirklichkeitsdarstellung, die knappe Sprache bestimmen den weltliterarischen Rang dieses »Klassikers«, sondern die Größe, Strahlkraft, Lebendigkeit und Originalität seines Helden. Faust, Hamlet, Odysseus stehen uns vor Augen, und so steht uns auch der Herr vor Augen. Gott ist in der Tat alles andere als ein Mann ohne Eigenschaften. Eine von Miles' Thesen ist, daß den Lesern des Tanach der Herr über Jahrtausende so vor Augen stand und daß sie sich nach seinem Bilde geformt haben. Das mag man freilich bezweifeln. So wie uns Miles den Herrn vor Augen stellt, ist er wohl noch nie in den Blick getreten – als literarische Gestalt. In bezug auf literarische Gestalten macht es ebensowenig Sinn, sie anzubeten, wie ihre Existenz zu leugnen.

Der Tanach gliedert sich in Thora, Propheten und Bücher, hebräisch *torah, nevi'im, ketuvim.* Man kann diesen Aufbau mit einem dreistöckigen Bibliotheksgebäude vergleichen. Im Erdgeschoß stehen die fünf Bücher Mose, jederzeit zu-

2 Harold Bloom/David Rosenberg, *The Book of J.* New York: Grove/Weidenfeld 1990. Hier handelt es sich um die konsequent ästhetische Lektüre der dem Jahwisten zugeschriebenen Textschicht, die Rosenberg aus der Endredaktion herausgelöst und in ein originelles, hebraisierendes Englisch übersetzt hat. Auch Bloom sieht den überragenden weltliterarischen Rang dieses »Buches« in der Gestalt seines Helden, den er genau wie Miles als literarische Schöpfung versteht und laufend mit Hamlet vergleicht. Bei Bloom geht es jedoch zugleich und vor allem um die Gestalt des Autors, den er sich weiblich, als eine Prinzessin am Hofe Salomons, imaginiert.

gänglich, immer zur Hand, absolut normativ. Hier hat auch die christliche Relektüre keine Umstellungen vorgenommen. Im ersten Stock sind die Prophetenbücher untergebracht, regelmäßig konsultiert, ein unabdingbarer Kommentar, der Schlüssel zum Verständnis der Thora, aber doch von deutlich geringerer liturgischer und juristischer Autorität. Im zweiten Stock steht die schöne Literatur. Für die Gebildeten, Geistigen, Mystiker, Frommen ist dies der liebste Ort, und manche, die hier über dem Hohelied oder den Psalmen sitzen, meinen, die Mitte oder den Gipfel des Ganzen in Händen zu haben. Und doch ist hier die Autorität nochmals schwächer und die Grenze gegenüber den als »apokryph« ausgeschiedenen Büchern wie Tobit, Judit und Ben Sira durchlässiger. Sich von unten nach oben einfach durchzulesen, als gäbe es diese architektonische Abstufung nicht, ist ein Lesen gegen den Strich, oder, wie man das heute nennt, eine Dekonstruktion. In diesem Zusammenhang macht Miles eine wichtige buchgeschichtliche Anmerkung. Der Kodex, das heißt die Anordnung des Textes auf einzelnen Blättern, die unveränderbar fest zwischen zwei Buchdeckel eingebunden werden, ist eine typisch christliche Aufzeichnungsform und vielleicht überhaupt eine christliche Erfindung. Hier muß man sich für eine Anordnung entscheiden. Die Juden dagegen hielten an der Buchrolle fest, die nicht mehr als ein Buch aufnehmen kann. Hier ist die Anordnung viel flexibler, und der Kanon entspricht mehr einer Handbibliothek als einem durchlaufenden Text.

Interessanterweise gelangt auch Miles zu einer Dreiteilung: Erzählung, Reden, Schweigen. Der Teil »Erzählung« umfaßt die Bücher Genesis bis zum zweiten Buch der Könige und spannt in chronologischer Ordnung einen Bogen von der Erschaffung der Welt bis zum Fall Jerusalems. Die Erzählung behandelt die Geschichte der Welt und insbesondere Israels, aber sie läßt sich auch als Geschichte Gottes lesen. Gott entwickelt sich als literarische Gestalt in den Rollen und Handlungen, vom Schöpfer und Zerstörer der ersten elf Kapitel zum Freund der Familie Abrahams im Rest des Buches Genesis, mit einer eigentümlichen vorübergehenden Abwesenheit in der Josephgeschichte. In den Büchern Exodus bis Deuteronomium, wo sich Israel zum Volk entwickelt hat, wird Gott zum Politiker; er wird zum Haupt einer Befreiungsbewegung, erläßt Gesetze und stiftet einen Bündnisvertrag wie ein Oberherr mit seinem Vasallen. Dabei entwikkelt er die typischen Affekte eines politischen Führers: Zorn, Eifersucht, strategisches Denken, Härte und Milde. Im Buch Josua wird er zum Eroberer und Krieger, bei Samuel zum Vater, nämlich Davids, des erwählten Königs. Dann folgt der Weg in die Katastrophe, in der Gott zum Richter wird, der die Könige und das Volk an ihrer Treue zu Bund und Gesetz mißt und schließlich das vernichtende Urteil spricht.

Das Projekt des Herrn, der sich erst den Menschen zum Bilde schuf, um sich in dessen Spiegel seiner bewußt zu werden, und sich dann ein Volk erwählte, um im Bündnis mit ihm Recht und Wahrheit zu entdecken und auf Erden einzubürgern, ist gescheitert. Der Herr selbst aber ist als Politiker auf internationaler Bühne aktiv geworden, er bedient sich Assurs und Babels zur Vollstrekkung seines Strafgerichts und wird im Maße von Israels Scheitern zum Herrn der Völker und Lenker der Weltgeschichte. Warum ist Israel gescheitert? Weil es den Bund gebrochen hat. Wie bricht man den Bund mit Gott? Durch Götzendienst, Idolatrie, »Assimilation« an die fremde Kultur. Auch dieses Urteil offenbart einen Wesenszug Gottes. Er kann es nicht ertragen, daß man sich von ihm abwendet. Er nennt das »Sünde«, ein Verdikt, das er selbst erfunden hat und das mit seiner monotheistischen Einsamkeit zusammenhängt. Diesen Punkt vermisse ich in Miles' Biographie Gottes. Die Sünde ist nicht nur ein Anthropologicum, sondern auch und in erster Linie ein Theologicum. Nachdem der Herr erst einmal das Bündnis geschlossen hat, wird er in diesem Punkt überempfindlich, und der Mensch kann sich in seinen Augen ganz anders versündigen als je vorher; keine andere Religion der Antike kannte diesen Sündenbegriff.

In den »Reden«, die nun anheben, von Jesaja bis Hiob, redet teils der Herr, teils wird zu ihm geredet. Die Reden reflektieren die erzählte Geschichte und geben wie persönliche Briefe den Blick auf die Innenansicht des Helden frei. Der Herr gewinnt neue Profile, als »Frau« (Haggai, Sacharja, Maleachi), »Bürge« (besser vielleicht Ratgeber: Sprüche) und »Ratgeber« (besser vielleicht Nothelfer: Psalmen) – und natürlich auch als Bräutigam und Ehemann, aber diese Rolle fällt mit den nichtbehandelten kleineren Prophetenbüchern (Hosea) etwas unter den Tisch. Sie paßt nicht in Miles' Bild, weil sie zu spät in der Erzählzeit auftritt, um sinnvoll in Gottes Biographie Platz zu finden.

Höhepunkt dieses Teils ist Miles' Interpretation des Buches Hiob, in dem Gott zum letzten Mal das Wort ergreift. Hiob hat den Herrn zum Schweigen gebracht! Gott muß erkennen, daß ihm auf Hiobs Frage nach Gottes Gerechtigkeit nichts anderes als das Wort der Macht einfällt, nach der Hiob ja gerade nicht gefragt hatte. »Zur Wahl zwischen Gerechtigkeit und Gott gezwungen, wählt er die Gerechtigkeit, und das war, wie der Herr am Schluß zugibt, die richtige Wahl.« In der Begegnung mit Hiob wird Gott sich seiner satanischen Aspekte bewußt.

Der Rest ist Schweigen. Das Schweigen Gottes in den letzten Büchern des Tanach ist das erstaunlichste Ergebnis von Miles' Lektüre. Im Buch Daniel wird er noch einmal in seiner ganzen Ferne, in die er inzwischen gerückt ist, als »der Alte der Tage« sichtbar. Man kann sagen, daß »Gott verebbt«, man kann aber auch sagen, daß seine Eigenschaften, insbesondere Wille und Initiative, sich von Gott auf das Volk verschoben haben. Miles versteht das so, daß Gott »in das jüdische Volk einverleibt wird« – eine interessante Variante der Inkarnationstheologie. Manche von Gottes Eigenschaften gehen in dieses Kollektivsubjekt ein; unverkennbar nehmen die Menschen jetzt die Dinge selbst in die Hand, zu denen sie früher Gottes Auftrag oder seines persönlichen Eingreifens bedurften. Im Buch Esther kommt Gott kein einziges Mal vor. Diese Geschichte einer genozidalen Bedrohung ist eine Variation auf die Exodusgeschichte. Dort tritt Gott als der Retter auf; im Buch Esther kommen die Menschen noch nicht einmal auf den Gedanken, ihn überhaupt anzurufen. Diese Verschweigung bedeutet nach Miles soviel wie die Verabschiedung Gottes aus der Geschichte. Ausgestattet mit einigen Eigenschaften, die auf geheimnisvolle Weise von dem fernen und schweigenden Gott auf sie übergegangen sind, helfen von jetzt an die Menschen sich selbst. Die letzte von Gottes Eigenschaften heißt »Schriftrolle«: Zum Schluß verwandelt er sich in die Thora und wohnt in dieser Form in der »Lerngemeinschaft« seines Volkes. Er selbst aber »findet in deren Gesellschaft weder zum Reden noch zum Handeln«. Das Volk, das er sich erschuf, bewahrt ihn nun als seinen Gott.

Der Tanach endet mit denselben Worten, mit denen das Buch Esra beginnt, das heißt er mündet in eine unendliche Schleife, einen, wie Miles es nennt, »immerwährenden Kreiskanon«. Der Kanon ist aber kein passender Vergleich, denn er endet nicht mit seinem Anfang, sondern wird nur beliebig wiederholt. Das Beispiel, das sich hier aufdrängt, ist das Lied »Ein Mops kam in die Küche«, das Beckett in *Warten auf Godot* in vergleichbare Zusammenhänge gestellt hat. Mit dem möglicherweise unbeabsichtigten Kunstgriff dieses »strange loop« trotzt der Tanach, in Miles' Worten, seinem eigenen Tod und dem Tod Gottes.

Die Geschichte Gottes, wie sie sich in Jack Miles' Lektüre der einzelnen Bücher des Tanach entrollt, beschreibt einen Bogen von pathetischer Dramatik, Folgerichtigkeit und Kohärenz, wie es das nur in der Literatur gibt. Dieser Bogen steht und fällt in der Tat mit der Anordnung der Bücher. Ihn in dieser Anordnung erkannt zu haben, ist eine echte Entdekkung. Das »Verebben« und Schweigen Gottes, das sich in der »literarischen Zeit« der letzten biblischen Bücher ausbreitet, ist die Folge seiner vollendeten Selbsterkenntnis. Gott, sagt Miles, ist in seinen eigenen Widersprüchen gefangen. Was wir aus unserer Perspektive Theodizee nennen, ist für den Herrn ein Identitätskonflikt. Gott verstummt angesichts seiner inneren Zerrissenheit: »sobald Gott versteht, was ihn am Anfang motivierte, wird seine Motivation zum Weitermachen ausgehöhlt«. Der abendländische Mensch, sein Ebenbild, das sich in seinem Gottesbild spiegelt, ist von der gleichen Zerrissenheit geprägt. Die These ist großartig und nachdenkenswert; nur trifft sie auf den Widerspruch, daß sie von der jüdischen Anordnung der Bücher abhängt und daher nur auf das Judentum zutreffen kann. Die Zerrissenheit, von der Miles spricht und die er mit einem Yeats-Zitat belegt, ist jedoch eine christliche Erfahrung.

Dem Schweigen Gottes korrespondiert die Ausstattung seines Volkes – der Juden – mit seinem verschrifteten Wort und mit einigen seiner Eigenschaften. Sie werden nun in die profane Geschichte entlassen mit dem Auftrag, zu bewahren und zu erinnern – »schamor we-zakhor«, wie es im Schabbatlied heißt: »Bewahre und Erinnere!« Die Christen haben sich damit nicht abgefunden und die *historia sacra* mit allen Mitteln (und zum Teil schrecklichen Folgen) fortgesetzt. Sie haben auch den strengen Monotheismus abgemildert, in dem Miles den eigentlichen Kern dieser Zerrissenheit vermutet. Gott, meint er, kann nicht transzendenter Schöpfer und Nothelfer zugleich sein. Er kann sich nicht um das Ganze und das Einzelne zugleich kümmern. Hiob ist der Text, der diesen Widerspruch ans Licht und damit den Herrn zum Verstummen gebracht hat.

Miles' literarische Lektüre des Tanach steht zu den anderen beiden denkbaren Leseweisen der Bibel, der frommen und der historisch-kritischen, in bewußtem und reflektiertem Widerspruch. Ihre Berechtigung bemißt sich an ihrem Ertrag. Dieser ist erheblich, und zwar nicht nur in literarischer, sondern auch in theologischer und geschichtlicher Hinsicht. Der Bogen, den Miles als eine rein literarische Konstruktion aus der Abfolge der Texte erhebt, spannt sich nicht nur in der literarischen Erzählzeit des Tanach; er entspricht auch den Wandlungen des Gottesbildes vom 10. bis zum 2. Jahrhundert vor Christus. Im großen Ganzen folgt die Anordnung der Bücher doch soweit der chronologischen Abfolge ihrer Entstehung, daß sie den geschichtlichen Bogen widerspiegelt. Der Weg in die negative Theologie setzt sich konsequent fort. Nicht nur der Herr, der Held des Tanach, rückt in der Erzählzeit des Buches in eine immer weitere Distanz. Vergleichbares findet in der erzählten Zeit in der allgemeinen Religionsgeschichte statt.

Miles' Lektüre der Bibel ist weder fromm noch kritisch, sondern ästhetisch, weil er die Bibel konsequent als sprachliches Kunstwerk liest. Damit ist aber der Verfremdungseffekt seiner Lektüre noch nicht hinreichend erfaßt. Miles' Lektüre ist »postmodern«; darin liegt ihre Neuheit und befremdende Frische, vielleicht auch ihr Skandalon. Miles besichtigt den Tanach wie eine Ruine, mit der Neugier eines Forschers, der alle Aufschlüsse über Sinn und Funktion der einzelnen Kammern den Spuren selbst ablesen muß. Der Text wird nicht nur »quer« zu seinen ihm eingeschriebenen Lesesteuerungen gelesen, sondern auch so, als sei er nicht seit Jahrtausenden gelernt, gelesen und gedeutet worden, sondern wie ein unbewohntes Gebäude zur Plünderung oder beliebigen Verwendung preisgegeben.

Die Bibel wird seit alters als *historia sacra* gelesen, als die Geschichte Gottes mit seinem Volk. Darin liegt die Einzigartigkeit dieses Textes. Andere Texte erzählen die Geschichten von Göttern – *historia divina,* das sind die Mythen, die wir in Ägypten und Babylon, Griechenland, Indien und Amazonien finden. Oder sie erzählen die Geschichte der Menschen - *historia profana*. Aber nur die Bibel erzählt die Geschichte eines Gottes und eines Volkes - eines Gottes, der ohne dieses Volk keine Geschichte hätte und eines Volkes, das seine Geschichte dem Willen dieses Gottes zuschreibt. Man kann die Bibel auch als *historia profana* lesen, jede historisch-kritische Lektüre der Bibel verfährt so und entnimmt ihr Aufschlüsse über die Geschichte Israels. Man kann sie sogar auch als *historia divina* lesen; in der jüdischen Tradition ist sie oft so gelesen worden, als Mythos, der von einem Gott erzählt, seinen Leiden und Triumphen, seinen Schwächen und Machterweisen, seiner Schönheit und Schrecklichkeit, seinen Erlebnissen und Erfahrungen.

Es ist diese mythische oder, in jüdischer Terminologie, »aggadische« Lektüre, die Miles ästhetisiert, profaniert und parodiert. Indem er den Tanach auf Gott hin fokussiert, liest er ihn als *historia divina* oder Mythologie und verfremdet diese sodann zur literarischen Biographie. Darin liegt das Neue dieser Lektüre eines Textes, der weder je so gemeint noch je so gelesen wurde. Es handelt sich hier um ein Spiel, das die dem Text eingeschriebenen Lesesignale souverän ignoriert und nur deswegen kein müßiges Spiel ist, weil es soviel Interessantes ans Licht bringt. Dieselbe spielerische Beliebigkeit im Umgang mit dem Text kennzeichnet Harold Blooms *Book of J*, und auch dort legitimiert sich der postmoderne Zugang durch den Unterhaltungswert und Erkenntnisgewinn des Verfremdungseffekts. Der Text vermag sich auch im verfremdenden Licht dieser postmodernen, verspielten und parodistischen Lektüre zu behaupten. Darin erweist sich einmal mehr seine Größe.

Staudamm der Biographie

Jean-Yves Tadiés Marcel Proust

Von Thomas Sparr

Die Syntax von Marcel Prousts uferlosen Sätzen hat Walter Benjamin mit dem Nil der Sprache verglichen, der befruchtend in die Breiten der Wahrheit hinübertritt. Er überflutet alles. Die Fahnen von Prousts Roman waren, zum Entsetzen seiner Setzer, mit Korrekturen und neuen Entwürfen übersät, eine Tintenflut, der die *Recherche* entsteigt, einen Archipel unzähliger Varianten hinter sich lassend. Staudämme gegen die fruchtbare Flut haben Prousts Biographen errichtet, und es scheint, als habe jedes Jahrzehnt seiner Wirkungsgeschichte einen neuen Staudamm mit je eigenen Bauprinzipien geschaffen: 1925 Léon Pierre-Quints *Marcel Proust, sa vie, son œuvre* - Pierre-Quint war mit Proust bekannt und hat aus unmittelbarer Anschauung über sein Leben berichtet, das Buch erschien in den proustfernen dreißiger Jahren noch einmal; 1949 machte sich André Maurois auf die Suche: *A la recherche de Marcel Proust* ist eine ungleich distanziertere, literarische Biographie; 1959 und 1965 erschien schließlich in zwei Bänden George Painters *Marcel Proust,* zunächst auf englisch, dann auf französisch und auch auf deutsch. Painters »souci de tout dire«, die Sorge, alles zu sagen, was es über Prousts Leben zu sagen gibt, läßt ihn denn auch ein organisches Modell schaffen, ein gerades Flußbett, das Etappen und Sphären von

Prousts Leben zu einem Ganzen verbindet. Painter läßt keinen Platz für Abzweigungen, Brüche, Unverbundenes, Isoliertes, das sich nicht in die eine aufstrebende Linie fügt.

Daneben findet man eine Fülle von biographischen Versuchen – Proust auf Fotografien, Proust und seine Familie, Proust und Cabourg und, natürlich, *Les amours et la sexualité de Proust* von Bonnet. Am bekanntesten wurden, nicht zuletzt durch die Verfilmung, Céleste Albarets Erinnerungen, die Prousts ehemalige Haushälterin in den siebziger Jahren unter dem Titel *Monsieur Proust* veröffentlichte.

Diese biographischen Versuche gleichen Exkursionen bunt bewimpelter Ausflugsdampfer, zuweilen auch schaukelnder Nußschalen auf dem Nil, die einen der zahllosen Flußarme erkunden. Die Biographen, die als Titel stolz *Marcel Proust* wählen, sind die Erbauer eines Staudamms, der den ganzen Proust-Nil zu bewältigen sucht. Sie schreiben – wie George Painter – die definitive Biographie, und wenn die Literaturgeschichte auch immer wieder lehrt, daß es diese definitive Biographie nicht gibt, sondern daß sie sich unter den Augen der Nachwelt in eine relative verwandelt, ist in der Biographik vielleicht schon das bloße Vorhaben das Ziel.

Marcel Proust heißt die Biographie von Jean-Yves Tadié.[1] Tadié, Professor an der Sorbonne, hat mehrere Bücher über Proust verfaßt und die vierbändige Pléiade-Ausgabe der *Recherche* herausgegeben; als Kommentator ist Tadié mit allen Vorstufen, Entwürfen, Briefen Prousts vertraut. Bei der Lektüre der tausendseitigen Biographie versinkt der Leser zuweilen in den unzähligen Details; doch wann immer er unterzugehen droht, hält Tadiés Buch Leitplanken bereit, die das einzelne verbinden: durch Leitmotive, markierende Jahreszahlen, poetologische oder historische Verbindungen. Der Akzent liegt indessen auf dem Singulären, einem einzelnen Datum, einer Figur, einem Motiv, wie es die lakonischen Untertitel schon zu erkennen geben: *Auteuil – Illiers – La famille Weil – Jeanne Proust – Adrien Proust.* Wenn Painter das Paradigma der organischen Biographie in die Literatur über Proust eingeführt hat, so Tadié das der analytischen, nein: der synthetischen. Seine Methode gewinnt das Verbindende, die angestrebte Synthese durch das Detail, ein Detail, das jedoch oft auch unverbunden bleibt; gerade das Festhalten des Abgebrochenen, Widersprüchlichen, das Nachzeichnen eines Zickzack zeichnet dieses Buch aus. Und es prägt auch Tadiés Umgang mit den vorangegangenen Proust-Biographen. Er habe, schreibt Tadié im Vorwort, »eine Synthese der vorliegenden Arbeiten« versucht – es sind unzählige.

Der Leser tut gut daran, sich vorab das Grundsätzliche, auch das grundsätzlich Intendierte von Tadiés Buch zu vergegenwärtigen, weil die größte Gefahr dieses Buches darin besteht, daß man sich im einzelnen verliert. Das, was nur auf den ersten Blick als Verlust erscheinen mag, aber ist der größte Gewinn des Buches: Es bringt die Kategorien unserer biographischen Wahrnehmung durcheinander. Die Chronologie von Ereignissen, die Entstehung von Texten, die Kohärenz einer Figur haben hier nicht die Schlüssigkeit des von außen Beschriebenen, sondern Tadié bringt die inneren Paradoxien, die auseinanderstrebende Vielfalt, das Stimmengewirr und die Inkohärenz von Prousts Universum zum Sprechen. Er führt dem Leser vor Augen, wie die Texte entstehen.

Im Laufe des Jahres 1909 arbeitet Proust an *Contre Sainte-Beuve,* einer Sammlung von Aufsätzen, kritischen Einwänden gegen die biographische Methode von Sainte-Beuve; Skizzen, Erzählungen, die, wie Proust in einem Brief schreibt, die Form eines »véritable roman« annehmen sollen. Das Buch wird

---

[1] Jean-Yves Tadié, *Marcel Proust. Biographie.* Paris: Gallimard 1996.

erst 1954 herauskommen (und 1997 vollständig auf deutsch vorliegen). Tadié zeigt die Simultaneität zweier Schreibweisen: einer systematisierenden, ordnenden und einer explorativen, suchenden. Während Proust nämlich in den *cahiers de mise au net* den für die Abschrift bestimmten Text ordnet und redigiert, füllt er, gleichsam mit der anderen Hand, die *cahiers d'esquisses,* Skizzenblökke voller Fragmente, neuer Entwürfe.

Diese Redaktionsform des Unabgeschlossenen hat Konsequenzen für die Erfindung von Prousts Figuren. Während die Orte - die Pariser Cafés, Restaurants, die Städte, Häuser und Plätze der Provinz - eine relativ stabile Ordnung aufweisen und unter ihrem historischen Namen erscheinen, sind viele Figuren nur angedeutet, flüchtig entworfen, verworfen und haben nur einen provisorischen Namen: 34 Figuren heißen in *A la recherche du temps perdu* X, zwei Y, 14 A. Aber auch jene Figuren Prousts, die unter ihrem vollen Namen plastisch in Erscheinung treten, bewahren mit ihren variablen Eigenschaften etwas Transitorisches. Proust-Leser kennen die Schwierigkeit, Auskunft zu geben, wie Odette, Charlus, Bloch eigentlich seien. Man kann darauf - wenn überhaupt - nur antworten, sofern man Ort, Zeit und Gegenüber, eben die Perspektive ihres jeweiligen Erscheinens präzisiert. Als man, lange nach Prousts Tod, seinen ehemaligen Sekretär und Freund Albert Nahmias fragte, ob er Modell für Albertine gestanden habe, hat er geantwortet: »Wir waren mehrere.« Das bezeugt tiefe Einsicht in die Figurenkonzeption der *Recherche.* Unter den unvollendeten Figuren des Romans ist Albertine in ihrer Fliehkraft, ihrem Verschwinden und Wiederauftauchen die faszinierendste. Tadié zeichnet ihre Wandlungen und Entwürfe nach, von denen die jetzt auch ins Deutsche übersetzten Vorabdrucke der *Recherche,* die Proust von 1912 bis zu seinem Tod in Zeitschriften veröffentlichte, einen Eindruck vermitteln.[2]

Tadié liest Prousts Werk nicht als einen abgeschlossenen Text, sondern zeigt den Prozeß seines Entstehens. Er übersetzt auch nicht vom Leben ins Werk, was schon eine prästabilierte Harmonie, eine Ebene des eigentlich Erlebten voraussetzte. Prousts Leben beschreibt er, analog zum Werk, als etwas, das in seinen Themen und Motiven erst entsteht.

Die Chronologie ist die Grundachse jeder Biographie, und die fortschreitenden Jahreszahlen bestimmen den Aufbau von Tadiés Buch: Prousts Geburtsjahr 1871, der Eintritt ins Lycée Condorcet 1882, die ersten Veröffentlichungen, die Petition zugunsten von Alfred Dreyfus 1898, die Reise in die Niederlande 1902, der Tod des Vaters im darauffolgenden Jahr, die Freundschaften und Lieben, der Tod der Mutter 1905, das Erscheinen von *Du côté de chez Swann,* des ersten Bandes der *Recherche* 1913, der Tod naher Freunde von 1914 bis 1918, das Erscheinen weiterer Bände des Romanzyklus, der Prix Goncourt 1919, der Besuch der Ausstellung holländischer Maler im Jeu de Paume 1921 und Prousts Sterben im November 1922. Gewichtiger aber als die Daten sind die »Intermittenzen des Herzens«. Tadié notiert lakonisch: »On a plusieurs âges à la fois.« Daß man mehrere Alter zugleich hat, ist proustisch gedacht, ist besonders lebensnah.

Tadié zeigt Marcel Proust im Juli 1889, das preisgekrönte Abitur liegt hinter ihm, er macht Ferien in Ostende, dem eleganten belgischen Nordseebad, und ist inmitten all der sommerlichen Annehmlichkeiten doch tief betrübt - die Mutter hält sich weit entfernt in Salies-de-Béarn zur Kur auf. Mit dreizehn Jahren hatte Proust das erste Mal einen Fragebogen ausgefüllt und als größtes Unglück angegeben: »être séparé de maman«. Zugleich aber erfährt er in diesen Ferien die beruhigende Kraft des

2 Marcel Proust, *Der gewendete Tag. ›Auf der Suche nach der verlorenen Zeit‹ in den Vorabdrucken.* Herausgegeben von Christina Viragh und Hanno Helbling. München: dtv 1996.

Meeres, eine Verschmelzung von *mère* und *mer,* über die er in *Les plaisirs et les jours* schreibt: »Das Meer hat den Zauber der Dinge, die des Nachts nicht verstummen, die unserem unruhigen Leben die Erlaubnis zu schlafen geben, ein Versprechen, daß nicht alles zu nichts werden wird, wie das Nachtlämpchen der kleinen Kinder, die sich weniger allein fühlen, wenn es glimmt.« Das Lebensmotiv ist ein Erzählmotiv.

Die Geschichte von Proust und seiner Mutter ist oft beschrieben worden. Tadié aber hat, historisch nüchtern, eingehend und frei von Sentimentalität, die Lebensgeschichte von Jeanne Proust rekonstruiert.

Proust hat die technischen Neuerungen der Moderne in seinen Roman aufgenommen: das Telefon, das Automobil, das Flugzeug. Doch alle diese Neuerungen erweitern in seiner Lesart auch das Fühlen: Erst am Telefon wird Marcel die Traurigkeit in der Stimme der Mutter vernehmbar; das Auto, noch mehr aber das Flugzeug werden zu Phantasmen seiner Liebe zu Alfred Agostinelli, der 1914 bei Flugstunden, die Proust ihm bezahlte, verunglückt.

In Tadiés Buch findet man zum ersten Mal umfassend die Verlagsgeschichte von Prousts Werk dokumentiert, Gutachten, Verleger- und Herausgeberkorrespondenz, die Gestalt Bernard Grassets, die grobe Absage von Monsieur Humblot, dem Verlagsdirektor von Ollendorff, 1913 – »ich kann nicht verstehen, wie ein Herr dreißig Seiten auf die Beschreibung verwendet, wie er sich in seinem Bett hin- und herwälzt, ehe er Schlaf findet« –, und Prousts stolze Erwiderung darauf. Auch die Rezeption seiner frühen Bücher durch das französische Publikum wird dokumentiert. Sein erstes Buch *Les plaisirs et les jours* erschien, auf Kosten des Autors, in einer Auflage von 1500 Exemplaren, nur 329 Bücher verließen in 22 Jahren den Verlag. Aber kein bitterer Brief Prousts, keine Klage; der Biograph schreibt vom würdigen Schweigen dessen, der sich anderen Plänen zuwendet.

Was Tadié so eindrucksvoll an Prousts Figurenzeichnung nachweist – daß sie oft unabgeschlossen bleibt, daß Züge einer Figur verschwinden, auf eine andere Figur übergehen, sich vermischen oder wiederkehren –, gilt für Prousts »Themen« gewiß. Sie sind miteinander vermengt, ungeschieden, fragmentarisch, oft nur angedeutet. Das macht es so schwer, etwa Prousts Darstellung des Judentums nur als Thema überhaupt zu bestimmen. Einzelne Figuren wie Bloch oder Bernard Nissim sind von diesem Thema ebenso gezeichnet wie Konstellationen in den Salons, deren seismographisch verzeichneter Antisemitismus, das sich wandelnde Gegeneinander von Dreyfusards und Anti-Dreyfusards. Was perspektivisch auseinanderfällt, wird gleichwohl von einem Stromkreis historischer Reflexion zusammengehalten, der über die *Recherche* hinausreicht. Wenn er Bloch als eine »jüdische Kunstfigur« (Hans Mayer) zeichnet, schöpft Proust dabei aus dem Fundus der Bilder, die man sich im Frankreich der Jahrhundertwende von Juden machte: in den Karikaturen der Dreyfus-Affäre, den Rassedefinitionen des 19. Jahrhunderts, den Bildern von Juden in der zeitgenössischen französischen Literatur.

In einem seiner *Pastiches,* jenen Texten, mit denen er Stimmen und Stimmungen seiner Zeitgenossen imitiert, läßt Proust 1893, dem Jahr vor Beginn der Dreyfus-Affäre, Flauberts Bouvard und Pécuchet über Juden räsonieren: »Alle haben krumme Nasen, eine wache und nur aufs Geschäft bedachte Seele ... Aber warum ist ihr Erfolg immer unwägbar und verborgen? Sie bilden übrigens eine Art großer Geheimgesellschaft wie die Jesuiten und die Freimaurer.« Gerade in Prousts Darstellung des Judentums gibt es Verschiebungen und Substitutionen. Proust zeigt auch dann Juden und ihre Lebensbedingungen, wenn er von der Freimaurerei oder der Homosexualität handelt. Das über Prousts ganzes Werk verstreute Thema, eben kein Thema im herkömmlichen Sinn, klammert Tadié fast ganz aus; kein einziges der rund zweihundert Kapitel widmet sich ihm.[3]

1950 erschien in Paris das Buch *Le secret de Marcel Proust* von Charles Briand. Das Geheimnis, kein großes, eher ein offenes, war die Homosexualität. Auch sie ist für Proust kein Thema im herkömmlichen Sinn. Was nun die Homosexualität angeht, so verhält sich Tadié wie ein Herr, der bei ihr zu Gast ist, den Hut zieht, aber nicht weiter ablegen will und im Korridor stehen bleibt. Ein Unbehagen des Biographen ist spürbar; Prousts Freunde, mit Ausnahme von Reynaldo Hahn, bleiben ebenso blaß und schemenhaft wie Ereignisse, Zusammenhänge, Motive von *Sodome et Gomorrhe.*

Wenn Tadié sonst ein Meister des Fragmentarischen, Unabgeschlossenen, Prozeßhaften ist, so vergißt er hier diese Meisterschaft und greift auf historisch geronnene Wahrnehmungen, also Clichés, zurück. Über Albert Nahmias, der 1979 im Alter von 93 Jahren in Cannes starb, und seine Verbindung zu Proust 1911 schreibt der Biograph, daß »Henri Mondor, der Albert Nahmias befragt hatte, ihm nachsagte, homosexuell zu sein (Gespräch mit dem Autor); bisexuell wäre angemessener, da er zweimal verheiratet war. Proust konnte in virile Männer oder zumindest in verheiratete jüngere Leute verliebt sein: Nahmias, Agostinelli. Effeminiertere, wie Maurice Rostand, zogen ihn im Gegensatz dazu nicht an.«

Nun, Charlus war auch verheiratet und blinzelte am Sarg der verstorbenen Gattin einem Chorknaben zu – der Erzähler der *Recherche* berichtet: »Es gab übrigens zwei Monsieur de Charlus, die anderen nicht mitgezählt«. Von Tadiés einfachen biographischen Schlußfolgerungen führt kein Weg zu Proust, der auch den Begriff der Homosexualität in seine Bestandteile zerlegte: in seine definitorische Gewalt als bloßes Wort – Proust erschien es als Wortungetüm, für Frankreich »trop germanique et pédant« –; als Attribut von Figuren, die eben diese Kennzeichnung zu camouflieren suchen; als Unterscheidung von männlicher und weiblicher Homosexualität, wie sie Prousts früher Text *Avant la nuit,* die Lebensbeichte einer Frau, vor Augen führt. Alle diese Elemente muß man zusammentragen, um gewahr zu werden, wie wandlungsfähig der Begriff Homosexualität in Prousts Werk ist.

Wir schreiben das Jahr 1914: Von Prousts *Auf der Suche nach der verlorenen Zeit* liegen zwei Drittel gedruckt, das restliche Drittel geschrieben vor. Doch plötzlich wird das geplante Werk von der Erfindung einer Figur durchkreuzt: von Albertine. Innerhalb von acht Jahren – es sind die letzten Lebensjahre Prousts – verdoppelt das Ganze seinen Umfang vor allem durch die beiden letzten Teile des Zyklus *Sodome et Gomorrhe.* Die Figur Albertine ist der eine Grund; der andere ist der Erste Weltkrieg: Prousts abschließendes *Le temps retrouvé* sei, so Tadié, kein Roman über den Krieg, vielmehr würde der Krieg in den Roman hereinbrechen. Es gibt kein Kampfgetümmel, keine ganze Geschichte dieses Kriegs. Noch einmal bringt Tadié hier seine Prämisse des Ereignishaften, Prozessualen zum Ausdruck, wie in jener Szene, da der Erzähler berichtet, wie Bomben auf Paris fallen und er vom Balkon aus die Zerstörung sieht. Tadié schreibt: »Die Fiktion, so wie Proust sie darbietet, ist jedesmal unabgeschlossen, als ob die verschiedenen Blickpunkten unterworfene Realität nur blitzhaft erschiene.«

Man kann Tadiés Buch im einzelnen kritisieren, auch das Fehlen wichtiger Themen bemängeln. In seinem Aufbau ist es unübertroffen. Tadié schafft einen Staudamm, der sich aus den kleinen, den kleinsten Steinen des ganzen Werkes zusammensetzt, ein Regulativ der Wahrnehmung, ohne doch Prousts »Nil der Sprache« gewaltsam zu begradigen.

---

3 Julia Kristeva hat in diesem Zusammenhang auf die Assimilation der Juden in Frankreich verwiesen. Ihr bedeutendes Buch *Le temps sensible. Proust et l'expérience littéraire* (Paris: Gallimard 1994) läßt Tadié ganz unberücksichtigt.

Augenblicke des Verschwindens

Der Wiener Essayist und Erzähler Franz Schuh

Von Michael Basse

Es heißt, daß jeder Schriftsteller ein großes Thema habe, auf das er immer wieder zurückkomme. Meist sei es ihm schon durch die Kindheit vorgegeben, in Ausnahmefällen auch erst später, durch traumatische Erlebnisse, etwa Krieg oder Exil, die alles andere überschatten. Aber selbst hier gibt es Gegenbeispiele. In Thomas Manns *Zauberberg* und *Doktor Faustus* kommen der Erste und Zweite Weltkrieg nur am Rande vor. Sie sind nicht das eigentliche Thema. Das Thema sind die Außenseiter, Randexistenzen und Künstler im 20. Jahrhundert, die Frage nach dem Genie und seinem Preis. Die Zeitgeschichte liefert nur den Rahmen, innerhalb dessen das Thema entwickelt wird.

Ein Thema in diesem Sinn hat Franz Schuh nicht. Aber auch für sein Schreiben gelten Rahmenbedingungen. Schuh ist Wiener durch und durch. Auf diese Stadt ist er fixiert. Aber er ist kein Lokalpatriot. In seinem Kurzessay *Über das Wienerische* (1985) räumt er mit den »Kommerzmythen« von der stolzen Wiener Eigenart gründlich auf. Der Wiener »Schmäh« – ein zum »süßen Schmalz« westdeutscher Medien verkommener Anachronismus. »Der Witz ist hier nicht freundlich, nicht zutraulich, er fängt sich gern im Paradoxen, denn da bleibt er – oft scharfsinniger Hohn – Selbstzweck und spiegelt eine Ausweglosigkeit.« Was seit dem Biedermeier als »Verbindung von Intelligenz und Dekadenz« firmiere, sei ein »euphorischer Masochismus«, der in der »Kultivierung der Passivität« im Kaffeehausleben kulminiere. »Typisch«, so Schuh, »daß man hier die geglückten Kompensationen einer schlechten Realität für wirklicher hält als diese selbst.« Den entscheidenden Einwand gegen das »Wienerische« formuliert Schuh indes nicht selbst, sondern entlehnt ihn bei Musil. Die Wiener Identität erwachse aus einer »zum Gemeinschaftsgefühl gesteigerten Abneigung gegen den Mitbürger«. Eine negative Identität, basierend auf »wechselseitiger Anerkennung durch Mißtrauen«. Zehn Jahre später wird es in Schuhs Roman heißen: »In keinem anderen Land der Erde gab es soviele Menschen, die mit ihrem Haß so glücklich und so zufrieden waren … Wohl ohne Wohlwollen, das ist die Idylle, um die es hier geht!«[1]

Aber Wien ist nicht das Thema. Die Metropole von heute gibt nur den Rahmen ab, innerhalb dessen Schuh den Bewußtseinslagen und -strömen, den sichtbaren und verdrängten Lebensäußerungen ihrer Einwohner nachspürt. »Eine Stadt ist etwas, wo die Blickwinkel ununterbrochen auf etwas neues stoßen, wo Personen ununterbrochen durch andere Personen gespiegelt werden – nach einem Willkürprinzip, das trotzdem seine Ordnung hat. Das Interessante an der Stadt ist ja, daß jeder für sich existiert und herumtut, und trotzdem ergibt sich eine Art Zusammenklang des Ganzen.« Ein wenig Utopie schwingt in Schuhs Worten mit.

Seinen »Hang zum Urbanen« teilt er

---

[1] Franz Schuh, *Der Stadtrat. Eine Idylle* (1996). Ebenfalls bei Ritter in Klagenfurt sind die Essaybände *Das Widersätzliche der Literatur* (1981), *Liebe, Macht und Heiterkeit* (1985) und *Das phantasierte Exil* (1991) erschienen. Herausgeber von *Fremdenverkehr. Kritische Texte über den Tourismus* (1984).

mit berühmten Vorgängern: Robert Musil, Karl Kraus, Elias Canetti. An diesen Vorbildern hat Schuh sein Schreiben immer wieder gemessen, überprüft, erprobt. »Man kann nur versuchen, die eigenen Ahnungen vom Wiener Leben durch Texte verständlich zu machen, durch die man selber zu verstehen gelernt hat.« Aber selbst die Klassiker der österreichischen Gegenwartsliteratur verfallen der Historizität, werden zu Fetischen einer Kulturindustrie, die sich noch jeden kritischen Impuls einzuverleiben wußte. Die Kritik an falscher Urbanität, so Schuhs bitterer Kommentar, münde stets aufs neue in erpreßter Versöhnung: »Selbst der rechtmäßige Haß des Karl Kraus ist Kulturgut geworden, dem Wienerischen eingemeindet, da bei uns, wie überall, auch die Negationen dazugehören, vorausgesetzt, sie sind ästhetisch gebändigt und lassen sich soweit abstrahieren, daß ihr Wirklichkeitsgehalt verborgen bleibt.«

Wie kann ein Schriftsteller dem Prozeß der Enteignung von Literatur standhalten? Zuvörderst natürlich, indem er auf eine »prominente Rolle« im Literaturbetrieb verzichtet. In den siebziger Jahren sah das freilich noch anders aus. Eben der Verteidigung ihrer künstlerischen Autonomie wegen schlossen sich Österreichs Autoren zur Grazer Autorenversammlung (GAV) zusammen. Franz Schuh war ihr erster Generalsekretär (von 1976 bis 1980), Ernst Jandl ihr Präsident. Doch der Versuch, mehr Rechte für Künstler bei der an die Macht gekommenen Sozialdemokratie einzuklagen, erwies sich als illusorisch. Die GAV, so Schuh in einem Erinnerungsbericht zehn Jahre später, mutierte unter Jandl zur »kulturpolitischen Hilfstruppe« von SPÖ-Funktionären. Hilfe von der Macht, von der man doch unabhängig sein wollte, war nicht zu erwarten. Was tun?

Falls ein Autor es sich leisten kann, auf den selbstbestätigenden Profit von Statusvorurteilen zu verzichten, dann bleibt ihm nichts anderes übrig, »als jedes Wort bei der Sprache und jeden Gedanken bei seinem Sinn zu nehmen, gleichgültig, in welche Formen man sie verbannt«. Diesem Vorsatz ist Schuh gefolgt, wissend, daß »der Formalismus unserer Kultur das bloß bis zu einem gewissen Grad erlaubt.« Denn die Kulturindustrie hat sich in sublimer Arbeitsteilung Kasten geschaffen, die überall borniert aufeinanderprallen. Schuh hat dies am Beispiel der institutionalisierten Dauerfehde zwischen Germanistik, Feuilleton und Literatur meisterhaft beschrieben. Wer sich um die Zugehörigkeit zu eine Kaste drückt, droht unterzugehen. Wer sich aber dem Kastensystem beugt, beugt sich der Ideologie. Doch das ist nicht alles. Die Dialektik der Kulturindustrie schreitet weiter. Hinter der Ideologie des Sichunterscheidens hat sich auch eine Angleichung vollzogen. Nachdem der soziale und ökonomische Prozeß den bürgerlichen Schriftsteller und dessen Autonomievorstellungen zum Verschwinden brachte, trat der »Medienarbeiter« an seine Stelle. Dieser Medienarbeiter, so Schuh in seiner Studie *Einssein und Anderssein* (1985), ist »immer der gleiche, oft auch derselbe, der – ob nun als Journalist, Germanist oder Dichter – entweder zynisch seine Seele verkauft oder mehr oder weniger sektiererisch ihre letzten Reste zu retten versucht«.

Wer immer einen Essay von Franz Schuh in die Hand nimmt, erliegt einer sanften Verführung. Sanft deshalb, weil die auftrumpfende Gebärde des scharfsinnigen Analytikers ebenso fehlt wie der notorisch gebildete Habitus jener Großessayisten, denen zu jedem literarisch-ästhetischen Topos mindestens ein Dutzend Interpretationsmodelle einfallen. Schuhs Essays verführen, weil sie sich dem Leser vorab als Verbündete anbieten. Noch bevor sich Leser (oder Autor) über das Thema im klaren wären, wird stets der banale, oft auch heitere Anlaß des Schreibens genannt. Indem Schuh die Gründe für sein Schreiben offenlegt, bietet er eine Möglichkeit der Verständigung, die sich vor allem über das Lachen als Quelle positiver Erfahrung zwischen ihm und dem Leser einstellt. Das Lachen freilich bleibt einem früher oder später im Halse stecken. Denn die Gegenstände, um die Schuhs Essays kreisen, sind alles andere als heiterer Natur. In *Das MG 42 in der Geschichte* werden wir Zeugen einer absurden Auseinandersetzung zwischen einem Rekruten des österreichischen Bundesheeres und seinem Kompaniechef Ende der sechziger Jahre. Der Rekrut, ein »Viertelsjude«, weigert sich, das deutsche MG 42 zu schultern, auf dem noch das Hakenkreuz prangt. Der Kompaniechef kann das zwar verstehen, aber nicht billigen. Bundesheer und Wehrmacht seien nun mal nicht dasselbe. Leider verfüge das österreichische Bundesheer noch nicht über die nötigen Mittel für »fortschrittliche« MGs. Die zunächst zivilisierte Debatte endet in einer wüsten Schlägerei, bei der naturgemäß der Rekrut unterliegt. Als er auf dem Krankenbett erwacht, erklärt ihm der Arzt: »Das war aber eine schöne Inszenierung«. Der Rekrut entgegnet: »Herr Doktor, das war keine Inszenierung«. Darauf der Arzt: »Nix Doktor, OBERSTLEUTNANT!«

Eine kafkaeske Szene. Ihr liegt eine konkrete, vom Literaten freilich stilisierte Erfahrung zugrunde. Schuhs Großvater war Jude, sein Vater ein »Halbjude« – im Sinne der Nürnberger Rassengesetze von 1936. Schuh selbst ist demzufolge ein »Viertelsjude«. Der zweite Teil des Essays versucht nun, die geschichtsphilosophischen Implikationen kollektiven Vergessens herauszuarbeiten. Er beginnt mit der Feststellung: »Die Geschichte ist der groß angelegte Beweis dafür, daß wir sterben werden. Gegen diese Unwiderlegbarkeit kann man nur zu überleben versuchen, ohne Verheerendes anzustiften.« Das klingt fast wie Adornosche *Reflexionen aus dem beschädigten Leben:* »Die fast unlösbare Aufgabe besteht darin, weder von der Macht der anderen, noch von der eigenen Ohnmacht sich dumm machen zu lassen.« Von Ohnmacht ist auch bei Schuh die Rede: »Gegen das Dasein nützt keine Reflexion, es beugt sich nur der jeweiligen ... Macht. Alle Versuche, so zu tun, als wäre man darüber hinaus, wollen nur die *Ohnmacht* wettmachen, in der man gerade durch seine Ausflüchte befangen bleibt.«

Schuh schreibt die *Minima Moralia* fort; aber nur bis hierher. Im Unterschied zur *Negativen Dialektik,* die keinen Ausstieg aus dem globalen »Verblendungszusammenhang« vorsieht, erlaubt sich der heitere Melancholiker Schuh, an der dialektischen Schraube weiterzudrehen. Seine geschichtsphilosophische Reflexion endet mit einer Provokation, im Ton galant, sanft, bedächtig – auf daß ja kein Leser vorzeitig abspringt: »Im übrigen ist Geschichte der Ort des Vergessens. Ohne Vergessen ginge es nicht. Erinnerung wäre lähmend. Die Organisation des großen Vergessens ist eine Arbeit, die jedem Aufbau vorausgeht und ihn dann begleitet. Das Klagen über den Mangel an Trauer wird ins Vergessen integriert, dem Vergangenen werden Denkmäler gesetzt, um die sich professionell erinnernden Kasten bei Laune zu halten. Alle anderen müssen vergessen, um immer wieder neu anfangen zu können.«

Eingangs hieß es, Franz Schuh habe kein Thema. Tatsächlich weigert sich der Essayist und Erzähler mit allen Tricks, bestimmte Leseerwartungen zu bedienen. Dagegen steht zum einen das Bewußtsein des Nachgeborenen, der nicht mehr daran glaubt, daß Dichter Bleibendes stiften: »Das Konzept von etwas Bleibendem fehlt mir, denn was bleibt – in meiner Perspektive – ist ja doch hauptsächlich dieser Zeitfluß, dieses merkwürdige Werden und Anderswerden.« Zum anderen hält er »thematisches Schreiben« für unvereinbar mit seinem von der Wiener Gruppe geprägten Sprach- und Literaturverständnis. »Sprache ist keine jedem schreibenden Analphabeten zugängliche Form«, heißt es einmal in seinen *Thesen zum (Gegen-)Journalismus,* sondern »geistige Spontaneität«. Und in einer editorischen Notiz seines letzten Essaybandes *Das phantasierte Exil* charakterisiert Schuh seine Texte als »ernsthaftes Spiel mit den Phantasien, die man sich über Zukunft und Geschichte machen kann. Diese Phantasien haben etwas schillernd Merkwürdiges, ja etwas Krankhaftes, falls sie nur halbwegs realistisch sind.« Geistige Spontaneität und ein ernsthaftes Spiel mit den Phantasien – darauf basieren Schuhs Texte. Und Adornos Diktum über die Psychoanalyse gilt nicht minder für Schuhs flottierende Phantasie: Nur die Übertreibungen an ihr sind wahr.

Im Roman *Der Stadtrat. Eine Idylle* gibt es einen Brandstifter, für dessen Fall sich der für Brandbekämpfung zuständige Stadtrat interessiert. Eine seiner Thesen, die er in der Fraktion vorträgt, lautet: Die Zahl der Brandstiftungen ist proportional gestiegen zur abnehmenden Tätigkeit des Einheizens. »Die Einheiz-Energie, die früher in Berufen ausgelebt werden konnte, ist jetzt Sache krimineller Handlungen.« Eisiges Schweigen in der Fraktion. Der Stadtrat aber denkt weiter. Wer ist heute eigentlich Brandstifter? Und wer wird nur so genannt? Wie kommt es zu immer mehr »disziplinierten Großstadtkatastrophen«? Beim jüngsten Fall eines Brandstifters handelt es sich um einen Analphabeten, der Bibliotheken anzündet. Der Stadtrat kommt nicht umhin, ihm einen »metaphysischen Scharfsinn« zu attestieren, »der noch von keiner Lektüre entstellt worden ist«. Und er fragt weiter: Wenn schon ein Analphabet zum intelligenten Brandstifter taugt, wozu sind dann erst Alphabeten in der Lage?

Die Stadt – das »ist die Hölle«. In einer Hölle kann nur überleben, wer sich behauptet. Der Stadtrat, Prototyp des entpolitisierten Politikers, steht dafür, daß alle Revolutionen umsonst waren. Der Stadtrat sagt von sich: »Mein Verhältnis zu Macht ist total ungestört.« Franz Schuh, der »unwissende Alleserzähler«, hat ein gestörtes Verhältnis zur Macht. Beim Thema Macht fällt ihm nur Abraham Sonne aus Canettis *Augenspiel* ein, jener Mann, »an dem kein Fehl war«, der »vergessen werden und ganz verschwinden wollte«. Schuh deutet das so: »Gut sein, das ist immer auch eine Form von Verschwindenwollen; es ist, unter den Bedingungen des machtzerfressenen Lebens, eine Art des Einverständnisses mit der eigenen Nicht-Existenz. Der gute Mensch geht jeder Selbstbehauptung aus dem Wege.«

Ein Kampf um Aufmerksamkeit

Zur Organisation von Wissenschaft

Von Georg Franck

Alles, was für ein Bewußtsein wirklich werden will, muß in seinem eigenen Erleben vorkommen. Es gibt keinen Weg aus dem eigenen Bewußtsein hinaus. Selbst die Vorstellung der Wirklichkeit, wie sie unabhängig vom wahrnehmenden und vorstellenden Bewußtsein ist, kommt nur wieder im Bewußtsein vor. Es gibt weder ein Fenster zur Wirklichkeit, wie sie an sich ist, noch gibt es eines ins andere Bewußtsein hinüber. Das andere Bewußtsein ist immer die Projektion aus dem eigenen heraus. Unsere subjektive Erlebnissphäre ist eine fensterlose Monade. Als Monaden im Plural hängen wir jedoch nicht, wie Leibniz dachte, nur in der Aufmerksamkeit eines allwissenden Gottes zusammen. Wir wissen sehr wohl, daß wir keinen Zugang zu anderen Erlebnissphären haben, wir wissen aber auch, daß wir in der eigenen nicht allein sind. Wir halten es in unserer Sphäre nämlich ganz einfach nicht allein aus. Wir bevölkern sie, noch bevor wir überhaupt lernen zu denken, in unserer Vorstellung mit bewußten anderen Wesen. Wir haben von dem Moment an, ab dem wir überhaupt etwas wie ein Erleben haben, das ununterdrückbare Verlangen nach der Zuwendung anderer Aufmerksamkeit. Dieses Verlangen ist so ursprünglich wie das nach Nahrung und Wärme. Wird es nicht gestillt, dann drohen bleibende Schäden und mehr. Kinder können an mangelnder Zuwendung sterben.

Weder die Zuwendung der Aufmerksamkeit, die wir erfahren, noch die Gefühle, aus denen heraus sie erfolgt, können direkt erfahren werden. Wir können sie immer nur aus dem äußeren Verhalten erschließen. Und es ist nie auszuschließen, daß wir getäuscht werden oder eigenen Projektionen aufsitzen. Alles, was wir aus dem anderen Verhalten herausinterpretieren, müssen wir zuvor hineininterpretieren. Theoretisch sind daher stets Zweifel – auch und gerade Zweifel grundsätzlicher Natur – erlaubt. Welche Kriterien haben wir denn zur Überprüfung unserer Interpretation? Welche Belege haben wir für die Phänomenalität des anderen Erlebens? Welchen Unterschied würde es machen, wenn hinter dem anderen Verhalten kein phänomenales Erleben stecken würde?

Die Fragen sind theoretisch, werden als solche aber sehr ernst genommen. Ein großer Teil der wissenschaftstheoretischen Debatte dieses Jahrhunderts dreht sich um den Status, der der Interpretation fremden Verhaltens als Form der Erkenntnis zugebilligt werden kann. Hat sie Anspruch auf wissenschaftliche Erkenntnis oder ist sie im besten Fall ein kontrolliertes Raten? Darf die Erforschung des Verhaltens, das wir im alltäglichen Umgang einem gemeinten Sinne nach verstehen, einen phänomenalen Innenaspekt unterstellen, oder begibt sie sich damit in haltlose Spekulation? Ist die Wissenschaft dazu verdammt, den phänomenalen Innenaspekt zu übergehen oder darf sie ihn wenigstens in heuristischer Absicht unterstellen?

Die Debatte wurde unter wechselnden Titeln geführt: Dualismus von Natur- und Geisteswissenschaften, Verstehen versus Erklären, Positivismusstreit, Logik versus Soziologie der Forschung. Worum es stets ging und was als roter Faden die Debatten zusammenhält, ist der einerseits ausgeschlossene und andererseits unverzichtbare Zugang zum anderen Bewußtsein. Immer wieder konnte mit derselben Stringenz gezeigt werden, daß die Wissenschaft als streng objektive Erkenntnis Bewußtseinsphänomene nicht als wirklich behandeln darf, und daß sie als organisierter Forschungsbetrieb gar nicht umhin kann, Bewußtseinsphänomene als wirklich zu behandeln.

Was diese nicht enden wollende Debatte eindrucksvoll zum Ausdruck bringt, ist die Existenz eines unvermittelten Sprungs zwischen dem eigenen und dem anderen Erleben. Es ist da etwas, das nicht nachgewiesen werden kann und wovon wir gleichwohl nicht Abstand nehmen können. Es ist Wunschdenken, das den Zusammenhang herstellt; das Wunschdenken herrscht aber unumschränkt. Wir alle leben mutterseelenallein in unserer Monade – und leben, als ob wir überhaupt nicht allein wären. Es ist tatsächlich eine Art Gottvertrauen, das den Kosmos der Monaden zusammenhält. Es ist nur eben ein Gottvertrauen, das effektiv trägt. Es hat den gewünschten Effekt, weil alle mitmachen. Es funktioniert nach dem Muster einer perfekten Lügengeschichte: Alle tun so, als sei der Kaiser angezogen. Oder richtiger: Die Frage nach den fehlenden Kleidern hat keinen praktischen Effekt. Sie ist rein theoretisch. Sie bleibt sogar für die Wissenschaft rein theoretisch. Die Wissenschaft erlaubt sich den theoretischen Zweifel an der Wirklichkeit phänomenalen Bewußtseins, schottet diesen Zweifel aber mit der größten Selbstverständlichkeit gegen praktische Folgen ab.

Zu den im primitivsten Sinne selbstverständlichen Anforderungen an die soziale Kompetenz eines Wissenschaftlers gehört, daß er zwischen der Rolle der Versuchsperson und der Rolle des Kollegen unterscheiden kann. Der Unterschied ist nicht, daß man über den Kollegen keine Untersuchungen anstellen könnte. Der Unterschied ist, daß das Bewußtsein der Versuchsperson als inexistent behandelt werden darf, das des Kollegen aber nicht. Die Wissenschaft ist ein einziger Tanz um die Aufmerksamkeit. Es ist nämlich keineswegs nur das eigene Staunen und die eigene Neugierde, die einen zum Wissenschaftler werden lassen. Es ist auch das Staunen, das man bei anderen Menschen zu erregen, es ist auch das Interesse, das man auf die eigene Person zu lenken hofft. Nicht die Aussicht auf ein hohes Geldeinkommen läßt einen das Forschen zum Beruf wählen. Wenn es ein Einkommen ist, dann ist es die Erwartung, gesteigerte Aufmerksamkeit für sich einzunehmen. Es gehört sogar zur Berufsehre des Forschers, daß ihm Reputation wichtiger ist als Geld.

Wenn es schon nicht die göttliche Aufmerksamkeit ist, die die Wahrheitssuche des Forschers begleitet, so ist das Bad in der Aufmerksamkeit der Fachwelt für ein Forscherleben schon göttlich. Es ist diese Substanz, um die sich alles dreht. Die Aussicht auf ihren Gewinn lohnt jede Anstrengung. Sie ist das höchste der irdischen Güter. Um sie geht der tägliche Kampf im Geschäft des Forschens. Die Wahrheitssuche genügt mitnichten. Man muß publizieren. Nur wer publiziert, tritt hervor. Nur wer gut publiziert, macht Karriere. Die Publikation ist aber gerade nicht nur die Mitteilung an die Fachwelt. Die Publikation ist die Art und Weise, an ihre Aufmerksamkeit zu kommen. Darum genügt es nicht, überhaupt zu publizieren. Man muß in den Zeitschriften und Schriftenreihen publizieren, die selber Renommee haben. Wenn man an renommierter Stelle publiziert, wird man erstens gelesen und partizipiert man zweitens an der Reputation derer, die dem Organ zu seinem Renommee verholfen haben.

Man hat vom Forschungsbetrieb wenig verstanden, wenn man in ihm nur die organisierte Suche nach Wahrheit erblickt. Ginge es nur um die Wahrheit, wozu dann das Gezänk um die Autorenschaft, die die Debatte der Ideen und Entdeckungen so notorisch begleitet? Wozu dann das große Rennen um die Erstpublikation? Der Forschungsbetrieb zeigt noch nicht einmal sein wahres Gesicht, wenn man ihn als organisierte Produktion technisch oder pädagogisch verwertbaren Wissens ansieht. Wozu dann die Bildung von Schulen und warum die erbitterten ideologischen Grabenkämpfe? Wozu die hektische Suche nach dem Anschluß an spektakuläre Debatten? Das Bild, wie der Laden so läuft, rundet sich erst, wenn man im Forschungsbetrieb den organisierten Kampf um die Aufmerksamkeit erblickt.

In die Wissenschaft fließt viel Herzblut. Sie fordert Leidenschaft für die Sache. Ohne eigenen Eros bleibt das Denken schwach. Den Eros beflügelt die Leidenschaft für die Sache zwar auch und zunächst, aber nicht nur und nicht endlos. Es muß noch etwas hinzukommen. Zumindest muß man davon träumen können, daß auch die anderen Augen machen. Selbst das Größte, was ein Mensch für sich im stillen erreicht, bleibt klein, wenn es nicht die Beachtung anderer Menschen findet. Wohl erhebt auch das stille Glück des Gelingens, aber nur kurz. Wenn ihm keine äußere Bewunderung zu Hilfe kommt, ist bald wieder alles gewöhnlich. Schon ein Achtungserfolg bringt indessen Licht in den grauen Alltag. Freilich sollte ein bißchen Bewunderung schon auch dabeisein. Bloßes registrierendes Abgefertigtwerden reicht nicht. Wie die eigene Hingabe, so soll auch die Reaktion der anderen aus dem Herzen kommen. Die Gemüter sollen sich erhitzen. Begeisterung und Betroffenheit sollen ausbrechen. In aller Munde will man sein. Und die Münder sollen sich zerreißen.

Die seelenfremde Wissenschaft ist nicht so seelenlos, wie ihre Theorien und die Theorien über sie glauben machen. Sie hat sehr wohl mit Fragen zu tun, die die Seele bewegen. Wer träumte nicht von der Bewunderung des staunenden Publikums? Wer verstände nicht den Ehrgeiz, den dieser Traum entfacht? Wem bliebe der Neid ob des Erfolgs der auch nicht besseren Kollegen fremd? Wer könnte die Verbitterung über die anhaltende Ungerechtigkeit nicht nachvollziehen, mit der die Fachwelt bisweilen ihre Gunst verteilt? All diese seelisch bewegenden Fragen haben engstens mit dem operativen Geschäft der Forschung zu tun. Auf der Ebene des forschungspraktischen Miteinander geht es nun einmal nicht wertfrei zu. Hier wird offen, ja demonstrativ über Wert und Unwert gestritten. Hier wird mit allen Mitteln um die Aufmerksamkeit gekämpft. Hier zählen nicht nur Wahrheit, Triftigkeit und Relevanz. Hier spielt die Schau und die Verblüffung des staunenden Publikums eine nicht zu unterschätzende Rolle. Hier wird Propaganda und Politik gemacht, hier spielen Intrigen und Händel unter der Hand. Hier geht es so zu, als wollte die Praxis der Forschung selber die Rolle der von ihrer Doktrin so stiefmütterlich behandelten Seele demonstrieren.

In der Wissenschaftstheorie wird diese Seite des Betriebs ausgegrenzt und nach Möglichkeit verschwiegen. Sie könnte ja den hohen Anspruch der Wissenschaft an Objektivität und Rationalität untergraben. Die Wissenschaftstheorie war und ist immer noch bemüht, die subjektiven und politischen Einflüsse zu isolieren und als unmaßgeblich nachzuweisen. Sie trennt zu diesem Zweck zwischen einem Entdeckungs- und einem Rechtfertigungszusammenhang. Die menschlichen und allzu menschlichen Züge werden dem tastenden und probierenden Entdeckungszusammenhang zugerechnet. Zur Sicherung der Rationalität und Objektivität reicht es hin, wenn es im Rechtfertigungszusammenhang streng nach der »Logik der Forschung« zugeht. In ihm wird peinlich verlesen und nach härtesten Kriterien ausgelesen, was der Entdeckungszusammenhang liefert. Der Rechtfertigungszusammenhang begründet die Wissenschaftlichkeit der Wissenschaft. Im Entdeckungszusammenhang mögen chaotische und sogar irrationale Momente mitspielen, sie sind unschädlich, weil sie lediglich mit der Lieferung des Materials zu tun haben. Im Entdeckungszusammenhang mögen Verkaufsstrategien und politisches Taktieren ruhig ihre Rolle spielen. Weil über die Geltung von Theorien allein der Rechtfertigungszusammenhang entscheidet, kommt es auf Hygiene im Entdeckungszusammenhang eben nicht so an.

Norton Dodge, der Schmuggler

John McPhee:
Konterbande
Die Rettung der russischen Gegenwartskunst
Aus dem Englischen von Wolfgang Krege
185 Seiten, Farbtafeln, gebunden,
DM 34,–/öS 248,–/sFr 32,20
ISBN 3-608-91790-X

Die ungewöhnliche Biographie des vielleicht abenteuerlichsten Schmugglers aller Zeiten.

»Ich lernte ihn im Zug kennen«, schreibt John McPhee von der ersten Begegnung mit seinem Helden mit dem Guinness-Buch-rekordverdächtigen Walroßschnurrbart. Nach zweihundert Meilen war er einer unglaublichen Geschichte auf die Spur gekommen.

»Die elegante und abenteuerliche Lebensbeschreibung, die John McPhee dem Sonderling Dodge gewidmet hat, ist mit gut 50 Farbreproduktionen von Werken aus der Sammlung Dodge besonders schön gemacht. McPhees Erzählung weitet sich zu einem anekdotenbunten Panorama der Boheme, in dem als Hauptfigur das Leningrader Originalgenie Jewgenij Ruchin auftrumpft, ein baumlanger Kraftkerl mit messianischer Aura. Daß er 1976 vom KGB umgebracht wurde, war nicht der erste Zwischenfall, den Dodge als Menetekel lesen mußte: Das Kunst-Abenteuer des zerstreuten Professors war immer auch ein Spiel mit dem Tod.«
Der Spiegel

Die andere Lesewelt

Klett-Cotta, Postfach 10 60 16, 70049 Stuttgart

Um den Kampf um die Aufmerksamkeit insgesamt zu neutralisieren, müßte sich der Schnitt zwischen Entdeckungs- und Rechtfertigungszusammenhang nun freilich messerscharf ziehen lassen. Spätestens seit Thomas Kuhns Buch über die Struktur wissenschaftlicher Revolutionen wächst nun aber die Zahl der Stimmen, die an der Möglichkeit dieser messerscharfen Trennung zweifeln. Sie wenden ein, daß die Zusammenhänge weder in der Praxis sauber getrennt noch analytisch sauber zu scheiden sind. Die Spitzen dieser Kritik reichen bis zum Vorschlag, den Anspruch an die Objektivität und sogar Rationalität der Wissenschaft zu relativieren. Allerdings ist von der Bereitschaft, am Ideal der Rationalität zu rütteln, nun gerade bei den Praktikern der Forschung wenig zu spüren. Die Frage, wie die unsaubere Schnittstelle eigentlich zu interpretieren sei, ist offen. Warum es also nicht umgekehrt probieren und fragen, ob der Kampf um die Aufmerksamkeit tatsächlich nur abträglich für die Rationalität der Wissenschaft ist? Ist es denn plausibel anzunehmen, daß dieselben Wissenschaftler, die bei der Prüfung vorgeschlagener Theorien so ungemein rational vorgehen, plötzlich alle Rationalität fahren lassen, wenn es um die begehrte Belohnung geht? Haben wir nicht vielleicht mit zweierlei Arten der Rationalität zu tun?

Bei der Prüfung von Theorien zählen Widerspruchsfreiheit, Tatsachengerechtigkeit, Reichweite, Einfachheit und Produktivität. Bei der Beschaffung von Aufmerksamkeit zählen darüber hinaus Witz, Unterhaltungswert, modischer Sitz, richtiger Stallgeruch und gute Beziehungen zu Herausgebern und Rezensenten. Im ersteren Fall zählt nur der Umgang mit Beobachtungen und Messungen; im letzteren zählt auch der Umgang mit den Interessen anderer Menschen. Die Funktion des Verstandes im ersteren Fall ist es, aus einzelnen Messungen und scheinbar schlecht zusammenpassenden Beobachtungen ein kohärentes Bild der Wahrnehmungswelt aufzubauen. Die Funktion des Verstandes im letzteren Fall ist es, die Interessen und Bedürfnisse anderer Menschen in den Dienst der eigenen zu stellen. Dort geht es darum, wie mit äußeren Wahrnehmungen und beobachteten Tatsachen zu verfahren sei, hier zählt auch der Umgang mit Gefühlen und dem, was sich andere Menschen insgeheim denken. Wäre es also nicht sogar ein Zeichen verkürzter Rationalität, wenn das Verhalten, zu dem sie hier, und das Verhalten, zu dem sie dort anleitet, dasselbe wäre?

Tatsächlich läßt sich Gesamtrationalität des Erkenntnisfortschritts nicht auf die »Logik der Forschung« beschränken. Die Logik der Forschung besagt nämlich nichts über die Verwendung knapper Ressourcen. Sie tut so, als ob Forschung nichts kosten würde. Forschung ist aber sowohl als originäre Entwicklung wie auch als Prüfung von Theorien teuer. Und sie ist teuer nicht nur in Geld. Geld ist zwar wichtig, die schlechterdings zentrale Ressource für das Forschen ist aber die Aufmerksamkeit der Forscher. Weil – oder jedenfalls solange – Forscher nicht durch Roboter ersetzt werden können, ist Aufmerksamkeit erfordert. Menschen können nur dann gezielt denken und handeln, wenn sie bei Bewußtsein sind. Der Forschungsbetrieb kann als Wissensproduktion nur dann rational organisiert sein, wenn auch die Art und Weise, wie er mit dieser Beschränkung umgeht, im Sinne des Erkenntnisfortschritts optimiert ist. Suboptimale Verwendung der forschenden Aufmerksamkeit ist Verschwendung und dem Erkenntnisfortschritt nicht minder abträglich als Mängel in der Methode.

Wer oder was sorgt für die effiziente Verwendung der Aufmerksamkeit, die im Dienste der Forschung steht? Es gibt keine Aufseher. Die Wissenschaft muß sich selbst organisieren. Alle Erfahrung lehrt, daß die Forschung ineffizient ist, wenn sie nicht frei ist. Wenn die Forschung frei ist, zählen aber nur individuelle Motive. Individuelle Motive haben zweierlei Gestalt: Pflichtgefühl und Lust. Ist es Pflichtgefühl, das in der Wissenschaft für die effiziente Widmung der

Aufmerksamkeit sorgt? Zweifellos spielt Pflichtgefühl in der Wissenschaft eine Rolle. Die Wissenschaft ist eine Profession, in der die Berufsehre noch etwas gilt. Das Pflichtgefühl hat nur den Nachteil, daß es nicht sonderlich inspiriert. Was wir lediglich aus Pflichtgefühl tun, ist wie Dienst nach Vorschrift. Die Lust hingegen macht gewitzt. Worauf haben Wissenschaftler Lust? Wie schon gesagt: auf die staunende Aufmerksamkeit der Fachwelt. Gegen diese Lust hat es das Pflichtgefühl schwer. Wo beide in Konflikt geraten, wird die Lust obsiegen.

Heißt das, daß man Effizienz von der forschenden Aufmerksamkeit nur in dem Maß erwarten darf, in dem der Wunsch nach der Einnahme fremder Aufmerksamkeit dazu anleitet? Wer realistisch ist, sollte nichts anderes erwarten. Ist die Wissenschaft damit aber nicht doch zu partieller Irrationalität verdammt? Sie wäre es, wenn das Streben nach fremder Aufmerksamkeit davon abhielte, die eigene Aufmerksamkeit in den Dienst des kollektiven Erkenntnisfortschritts zu stellen. Warum soll das Streben nach Beachtung hier aber vom kollektiven Ziel ablenken?

Der Verteilungsmechanismus der Aufmerksamkeit zwischen Foschern ist ein Markt. Die Forscher beziehungsweise Forschergemeinschaften einer Disziplin stehen einerseits in Konkurrenz und andererseits in einem Verhältnis wechselseitiger Zulieferung. Die Anbieter neuer Vorschläge konkurrieren um die Bereitschaft der Kollegen, ihre Produktion zur Kenntnis zu nehmen und zu prüfen. Die Kollegen nehmen das Angebot im Interesse der eigenen Produktion wahr. Es hat nun einmal keinen Sinn, bereits gemachte Entdeckungen ein zweitesmal zu machen und verfügbare Ergebnisse im Eigenbau zu wiederholen. Deshalb gehört auch die Wahrnehmung des Umfelds zum operativen Geschäft der Forschung. Allerdings kann nun die Aufmerksamkeit, die zu diesem Zweck ausgegeben wird, von den Anbietern als Einkommen verbucht werden. Also leitet das Streben nach der Maximierung dieses Einkommens die Anbieter von Vorschlägen dazu an, zunächst einmal das Interesse in der Fachwelt zu wecken. Das Interesse an diesem Interesse schränkt den Spielraum für Bluff und hartes Verkaufen bereits ein. Wohl mag es einmal gelingen, die kritischen Kollegen durch Imposanz zu überrumpeln. Das Spiel ist nach der ersten Runde aber nicht zu Ende. Wer den Mund zu voll nimmt, handelt sich Strafpunkte für die nächsten Runden ein. Auf Wiederholung steht die härteste Strafe, die es für einen Wissenschaftler gibt: Er wird nicht mehr ernst genommen. Das ist sein Ruin.

Auf dem Markt der Ideen herrscht zwar nicht vollkommene, aber effektive Konkurrenz. Die Rezipienten der Vorschläge geben ihre Aufmerksamkeit nicht nach Absprache oder Vorschrift, sondern in der ungebundenen Suche nach dem eigenen Vorteil aus. So sind es nicht Spenderlaune oder Gunst, ja nicht einmal bloße Neugier, die die Verteilung bestimmen. Die soziale Verteilung der Beachtung folgt dem Gebot des individuellen Interesses am Fortkommen. Das individuelle Fortkommen bemißt sich an der Beachtung, die ein jeder selber findet. Das heißt nun aber, daß es im individuellen Interesse ist, im Interesse der Kollegen zu produzieren. Die Lust auf Beachtung setzt der eigenen Laune enge Grenzen. Wer reüssieren will, muß die eigene Produktion an der Unterstützung der Produktivität der anderen ausrichten. Wenn es der Kampf um die Aufmerksamkeit nun aber in das individuelle Interesse stellt, die eigene Aufmerksamkeit so zu verwenden, daß auch die Konkurrenz profitiert, dann erfüllt der Markt der Ideen die entscheidende notwendige Bedingung kollektiver Rationalität. Zur Erfüllung der hinreichenden Bedingung fehlt dann nur noch, daß es in der Konkurrenz insgesamt um den Fortschritt der Erkenntnis geht.

Wenn diese entscheidende Rationalitätsbedingung erfüllt ist, woher dann aber der Anschein der Irrationalität? Wozu dann die Schaukämpfe und die

Anrufung von Autoritäten? Wozu dann der Wind und das Rennen ums schnelle Glück? Recht einfach: um die raren Chancen der Beachtung nicht zu verpassen. Die Aufmerksamkeit, die zur Verteilung als Beachtung ansteht, ist nämlich eng begrenzt. Es ist nicht im Sinne des eigenen Fortkommens der Rezipienten, die Nachforschungen in der Literatur und die Prüfung anderer Vorschläge zu weit zu treiben. Es ist unsinnig, alles und jedes an Einschlägigem wahrzunehmen. Es gibt einfach zuviel, um die Recherche bis zum bitteren Ende zu treiben. Man muß scharf selegieren, wenn man auch noch zum originären Produzieren kommen will. Also ist man, wenn man sich nicht auf allerengste Gebiete beschränkt, zu einer gewissen Oberflächlichkeit in der Rezeption verdammt. Und diese erzwungene Oberflächlichkeit auf seiten der Rezeption bietet nun der Anbieterseite die Chancen, die auf Märkten auch sonst durch Verkaufsstrategien und Werbung genutzt werden. Weil die Aufmerksamkeit der Rezipienten so knapp ist, lohnt es sich für die Produzenten, einen gewissen Aufwand zu treiben, um aufzufallen und sich vorzudrängeln.

Die Bedeutung, die die Publikumswirksamkeit in der Forschung hat, zeigt sich sogar noch deutlicher, wenn wir nach der erst hinreichenden Bedingung dafür fragen, daß die Konkurrenz um Beachtung das individuelle Streben in den Dienst des kollektiven Erkenntnisfortschritts stellt. Diese hinreichende Bedingung ist erfüllt, wenn gesichert ist, daß es in der Konkurrenz insgesamt um den Erkenntnisfortschritt geht. Für die Konkurrenz innerhalb einer Disziplin ist dieses Ziel gesichert, wenn die Disziplinen untereinander so um Beachtung konkurrieren wie die Forscher innerhalb derselben. Diese interdisziplinäre Konkurrenz ist nun aber effektiv. Die Disziplinen stehen auch untereinander in Konkurrenz und einem Verhältnis wechselseitiger Zulieferung. Sie kämpfen wie die einzelnen Forscher um Reputation und gewinnen sie dadurch, daß die anderen Disziplinen etwas mit ihrem Angebot anfangen können. Von dieser Reputation hängt ihre Attraktivität für Talente und hängen ihre Chancen in der Konkurrenz um die Finanzmittel ab. Weil die Wissenschaft nun aber auch als ganze nicht isoliert, sondern in die gesamtgesellschaftliche Konkurrenz um die Aufmerksamkeit eingespannt ist, ist es für die Reputation einer Disziplin in der interdisziplinären Konkurrenz sehr zuträglich, wenn sie auch außerhalb der Wissenschaft Beachtung findet. Sie ist in einem gewissen Maß zur PR und zur Sorge um eine gute Presse sogar verpflichtet. Ihre Produktionsbedingungen leiden, wenn sie es nicht schafft, sich in der Öffentlichkeit zu verkaufen.

Auch innerhalb einer Disziplin sind diejenigen Kollegen die Heroen, die Beachtung von außerhalb einfahren. Sie sind, wie man weiß, nicht immer die besten. Nur hieße es, die Ausnahme mit der Regel verwechseln, wollte man daraus auf Irrationalität der Konkurrenz um Beachtung schließen. Die Unvollkommenheiten des Markts der Ideen bewegen sich im Rahmen der ganz normalen menschlichen Unvollkommenheit. Er verstärkt diese Unvollkommenheiten nicht in dem Sinn, daß die einzelnen im kollektiven Resultat ihre individuellen Ziele nicht mehr wiedererkennen. Dafür läßt der Sachverhalt, daß der Markt der Ideen überhaupt funktioniert, von der Wissenschaft erst als rationaler Wissensproduktion reden. Die Konkurrenz um Beachtung ist es, die die individuellen Interessen ins Organisationsziel des Erkenntnisfortschritts einspannt.

Um es zusammenzufassen: Vor dem Hintergrund des Verhältnisses von individueller und kollektiver Rationalität erscheint der Kampf um die Aufmerksamkeit in völlig neuem Licht. Er ist nicht mehr das notwendige Übel, das den Anspruch an Objektivität untergräbt, sondern notwendige Bedingung für die rationale (Selbst-)Organisation des Forschungsbetriebs. Das zentrale Problem dieser Organisation ist die effiziente Verwendung der dem Betrieb insgesamt zu Diensten stehenden Aufmerksamkeit.

Für dieses Organisationsziel reichen die Regeln, die die Logik der Forschung expliziert, definitiv nicht hin. Also reichen diese Regeln auch nicht, um die Rationalität der Wissensproduktion zu sichern. Es muß noch etwas hinzukommen. Es muß Anreize geben, die das individuell Verlockende in den Dienst des kollektiven Erkenntnisfortschritts stellen. Das System dieser Anreize ist das Gratifikationssystem der Reputation. Reputation ist das konsolidierte Einkommen an Aufmerksamkeit seitens der Fachwelt. Um Reputation zu gewinnen, muß die Leistung nicht unumstritten, mit relativer Einhelligkeit aber für der Beachtung wert gehalten werden. Zur Konsolidierung des Einkommens reicht es auch nicht, die Fachwelt nur ein einziges Mal in Staunen zu setzen. Reputation steht auf Leistungen, die zur verbindlichen Arbeitsgrundlage für die Disziplin werden.

Das Gratifikationssystem der Reputation ist das notwendige Komplement zur Logik der Forschung. Aber nicht nur. Es ist auch ein Anreizsystem von eigenen Gnaden. Es verkörpert eine Art der Belohnung, an die die sonst üblichen Gratifikationssysteme nicht herankommen. Der Reiz an der Reputation ist es nicht, daß man nur irgendwie registriert wird. Ihr Reiz ist es, eine Rolle im anderen Bewußtsein zu spielen. Die Aufmerksamkeit der Fachwelt sucht man denn auch nicht, um Gegenstand der Datenverarbeitung in anderen Nervensystemen zu werden. Man sucht sie, um eine Rolle in demjenigen anderen Bewußtsein zu spielen, das man selber für das beachtlichste hält. Der ungeheure und durch nichts zu ersetzende Reiz am Spielen dieser Rolle ist es, sich tatsächlich in andere Welten aufgenommen und dort geschätzt, ja vielleicht sogar bewundert zu wissen.

Die Wissenschaftstheorie wird unfähig bleiben, den gesellschaftlichen Erfolg der Wissenschaft zu verstehen, solange sie von der motivierenden Kraft des Einkommens an Beachtung absieht. Der Erfolg, den die Wissenschaft im Maß des geernteten Interesses und ihres kulturprägenden Einflusses hat, beruht keineswegs nur auf der Lieferung technisch und pädagogisch verwertbaren Wissens. Er beruht zunächst auf ihrer Attraktivität für Talente und ihrer Kraft zur Motivierung von Spitzenleistungen. Diese Attraktivität und diese motivierende Kraft setzen ein Gratifikationssystem von entsprechender Leistungsfähigkeit voraus. Die Beschwörung idealischer Begeisterung reicht nicht. Die Gratifikationen, die sonst zur Leistungsmotivation eingesetzt werden, sind Geldeinkommen und Machtzuwachs. Beide kommen die Gesellschaft teuer zu stehen. Sie sind mit Ausbeutung und/oder Herrschaft verbunden. Könnte die Wissenschaft ihre Talente nur mit Geld und Privilegien anlocken, dann wäre ihr Betrieb im heutigen Ausmaß von prohibitiver Kostspieligkeit. Es gäbe auch sehr viel weniger an Spitzenleistungen zu bewundern, wenn sie alle durch Geldzahlungen angereizt oder durch die Aussicht auf Machtfülle motiviert werden müßten.

Der Glücksfall, den die Reputation als Gratifikationssystem für den Forschungsbetrieb bedeutet, beschränkt sich aber noch nicht einmal darauf, daß die Rolle im anderen Bewußtsein so ungeheuer reizt. Der Forschungsbetrieb nutzt die Aufmerksamkeit, die die Forscher einander zukommen lassen, keineswegs nur zur Motivation. Er nutzt sie zugleich zur Erledigung des operativen Geschäfts. Die Widmung der Aufmerksamkeit wird dadurch zur Schöpfung von Einkommen, daß sie für die Rezeption und Prüfung der Produktion eingesetzt wird, die die Kollegen vorlegen. Der Trick dieser Koppelung ist geradezu genial. Er bedeutet, daß für die Aufgabe des Motivierens nichts von der Aufmerksamkeit abgezweigt werden muß, die für produktive Zwecke zur Verfügung steht. Vielmehr werden durch die Einbeziehung der Rezeption fremder Produktion ins operative Geschäft die Einkommen der Kollegen stillschweigend und ohne irgendwelchen Zusatzaufwand geschöpft. Diese erzeugende und vergütende Doppelnutzung der Aufmerksamkeit überragt alles an Witz, was sich Organisationsplaner und Betriebsberater je ausgedacht haben.

Hartgewordene Metapher

Thomas Kuhns Paradigmenwechsel

Von Eberhard Döring

Auf einem naturwissenschaftlichen Kongreß wird über die Theorie des Lichtes diskutiert, das sich immer hartnäckiger gegen die Interpretation zu wehren scheint, daß es aus Teilchen bestehe. So schön es für die atomistische Vorstellung wäre, wenn sich das Licht der Vorstellung beugte, daß strahlende Korpuskeln sich mit immenser Geschwindigkeit ausbreiten, so schwierig sind damit seine Phänomene zu berechnen. Da könnte es zwar auch an den Kalkülen selbst liegen, die sich in ihrer internen Axiomatik verheddern, aber es könnte auch an viel grundlegenderen Voraussetzungen scheitern. Der Zwischenruf auf dem Kongreß, Licht bestehe gar nicht aus Teilchen, sondern aus Wellen, konnte hingegen die Situation retten und eine »wissenschaftliche Revolution« auslösen. Denn damit erscheint die Theorie des Lichtes selbst in einem ganz und gar anderen Licht – sie wird durch ein neues Modell (oder Paradigma) schlicht ersetzt.[1]

Die Frage, die sich dabei aufdrängt und auch von Naturwissenschaftlern gerne Beantwortung findet, ist nun die, ob sich damit ein Fortschritt in der Wissenschaft vollzogen habe. So zumindest sieht es der Kontrahent Thomas Kuhns, der Erkenntnistheoretiker Karl Popper, für den sich aller Fortschritt über Fehlschritte vollzieht. Demnach muß zuerst eine Hypothese aufgestellt werden, der es in keiner Weise an Kühnheit mangeln sollte, bevor die herbe Kritik an ihr stattfinden möge. Läßt sich dabei der Beweis führen, daß die Hypothese entweder aus irrationalen Elementen oder aus fehlerhaften Annahmen zusammengesetzt war, ist die Widerlegung – oder »Falsifikation« – gelungen. Soweit würde auch Kuhn mit seinem Kontrahenten noch mitgehen, doch in der Interpretation und vor allem in den ontologischen Voraussetzungen unterscheiden sie sich. Denn Popper wertet diesen Schritt der Fehlerausmerzung im Sinne der abzählbaren Positionen als Fortschritt, während Kuhn darauf reflektiert, daß aus einer unendlichen Zahl von Hypothesen sowie aus einer ebenso unendlichen Menge an Falsifikationen bestenfalls eine Veränderung der Perspektiven, aber keine Wahrheitsannäherung möglich ist. Wenn man gar nicht erst weiß, woran man sich annähern soll, ist auch der Weg und die Richtung des Fortschritts nicht sichtbar.

Keineswegs hat dann die Wirklichkeit dafür gesorgt, daß eine frühere Hypothese zugunsten einer wahrheitsnäheren »falsifiziert« worden sei, wie es einer Handvoll hartgesottener Realisten vorschwebt, denn auch nach einem Paradigmenwechsel ist man der Wahrheit nicht nähergekommen, sondern kann sich nur mit seinen herangetragenen Modellen besser orientieren. Dabei ist im Sinne Kuhns sogar noch zu berücksichtigen, daß man seine Modelle oder Perspektiven so leicht gar nicht an eine harte Faktizität herantragen kann, da auch alle Fakten bereits aus perspektivischen Zurüstungen bestehen, die eine Zeitlang in einem bestimmten Lichte erscheinen. Die Tatsache der harten Fakten besteht demnach nicht etwa darin, daß wir einer »ready made world« gegenüberstünden, die es nur noch zu dechiffrieren gelte. Es ist vielmehr noch wörtlicher zu nehmen, daß alle Fakten *(facere)* eine Sache der Tat darstellen, da es sich um Konstruktionen handelt, die wir selbst durch Einteilungen und Kategorisierungen, durch Abgrenzungen und Spezifikationen geschaffen haben. Die Natur ist dabei nicht etwa der gelehrige Schüler, der in Gestalt des Menschen ein subjektives Zentrum besäße, von dem aus er sich selbst zur Darstellung brächte. Die Natur ist aber noch viel weniger ein Objekt, das sich porträtieren ließe, um seine eigenen Strukturen nach und nach freizulegen. Denn damit würde ein merkwürdiges Vexierspiel beginnen, demzufolge ein Subjekt einem Objekt gegenüberstünde, das über Selbsteinteilungskräfte verfügen müßte. Es wäre damit letztlich doch ein eigenständiges Subjekt, das die Naturwissenschaftler in die Objektrolle intelligenter Fotoapparate rücken würde, bevor diese dann doch noch den Part des Subjekts übernehmen müßten, um Hypothesen entwerfen zu können usw. Demgegenüber kann es vielmehr gar nicht anders gedacht werden, als daß die Natur »transzendental« verfaßt ist und sich selbst den Bedingungen des Subjekts und seiner Strukturmaßnahmen fügen muß.

Hinter diese Kantische Einsicht fallen alle realistischen Erkenntnistheorien zurück, die sich evolutionär auf den Rückweg zum Big Bang begeben, um von dort aus, wo sie gar nichts beurteilen können, eine Perspektive zu etablieren,

---

[1] Thomas S. Kuhn, *Die Entstehung des Neuen. Studien zur Struktur der Wissenschaftsgeschichte.* Frankfurt: Suhrkamp 1978.

die ihre eigene Standpunktlosigkeit zu reflektieren vergißt. Der »Gottesgesichtspunkt der einen wahren Theorie« ist laut Hilary Putnam eine Anmaßung: Man weiß es einfach nicht, wie es ohne uns wäre, da wir keine andere Perspektive einnehmen können als die der endlichen Vernunft, die auch ein anderes Ergebnis erwarten lassen muß als etwa das Resultat einer Endgültigkeit in unserem Wissen.

Schließlich wäre es auch allzu naiv zu meinen, nun wisse man ganz genau, daß Licht aus Wellen besteht, während es vorher genausogut (und historisch sogar noch länger) problemlos als Korpuskel durchgegangen ist. Bei entsprechenden Differenzierungen des Paradigmas kann das meist ja ohnehin nur als Analogie oder Metapher wirkende Modell schlicht zusammenbrechen, ohne daß man nun exakter angeben könnte, was die scheinbar subjektunabhängige Wirklichkeit im Innersten zusammenhält. Thomas S. Kuhn, der am 17. Juni 1996 in Cambridge, Massachusetts, im Alter von 73 Jahren gestorben ist, hat den Begriff des Paradigmas geprägt und in seinem Millionenseller *The Structure of Scientific Revolutions*[2] ausführlich behandelt. Dennoch hält sich hartnäckig das Gerücht, er habe einfach eine neue Metapher – wie die Welle beim Licht – in die Welt gesetzt, ohne sich deutlicher dazu geäußert zu haben. Klar eigentlich, daß Kuhn im Bewußtsein des Metapherncharakters von Modellen keine mathematische Definition des Paradigmas und dessen Wechsels geben will, liefert er doch zahlreiche Explikationen dazu, deren kürzeste wie folgt lautet: »Unter der Führung eines neuen Paradigmas machen sich die Wissenschaftler neue Apparate zu eigen und blicken in neue Räume«. Sie »sehen neue und andere Dinge« und keinesfalls nur die unveränderlichen Dinge auf andere Weise. »Die Periode, in der das Licht ›manchmal eine Welle und manchmal ein Partikel‹ war, war eine Krisenzeit ... und sie endete erst ... mit der Erkenntnis, daß das Licht eine selbständige Entität ist, unterschieden von Wellen wie von Partikeln«.

So ist eben alles, was uns erscheint, eine »Weltversion« im Sinne Goodmans[3] oder eine »hartgewordene Metapher« im Sinne Nietzsches, eine »Gestalt des Lebens«, die mit Hegel alt werden kann, oder eben eine Erscheinung im Sinne Kants. Eine durch Falsifikation erreichte Annäherung an die per se nicht in den Blick zu bekommende externe Wahrheit der puren Wirklichkeit ist ein solches Paradigma jedenfalls noch nie gewesen. Allerdings kann auch die Erkenntnis von einer völlig anderen Entität des Lichtes und anderer Dinge nicht das letzte Wort für sich reklamieren, denn sonst hätte man schon wieder das Problem der Korrespondenztheorie, der es an einem »allgemeinen materialen Wahrheitskriterium« (Kant) solange mangeln muß, wie eine externe Perspektive noch aussteht, die unsere Vorstellungen mit den perspektivenlosen Gegenständen würde vergleichen können. Dann ist allerdings tatsächlich ein Stillstand erreicht, den es erst wieder geben kann, wenn die Menschen aufhören zu denken und der Planet mit allem möglichen besiedelt sein kann, nur nicht mit dem, wovon wir uns unsere eigenen Vorstellungen machen, solange wir noch nicht ausgestorben sind.

Bis dahin wird auch noch der eine oder andere Paradigmenwechsel vonstatten gehen und uns in unseren Orientierungsbemühungen helfen können. Daß uns dabei die Interpretationen ausgehen könnten, ist jedenfalls weniger zu erwarten, denn wir haben nur diese – wenn auch in unendlicher Vielfalt. Das Problem, das sich für die Philosophie dabei stellt, ist freilich, wie man mit einer Unmenge an Theorien und Hypothesen mit dem zurechtkommen will, was man die

---

2 Thomas S. Kuhn, *Die Struktur wissenschaftlicher Revolutionen.* Frankfurt: Suhrkamp 1973.

3 Vgl. Eberhard Döring, *Metaphorische Wirklichkeit.* In: *Merkur,* Nr. 525, Dezember 1992.

Wirklichkeit in ihrer singulären Vorstellung nennt. Nun, dies wäre in der Tat dramatisch bis hin zur Unlösbarkeit, doch so manch ein Paradigmenwechsel hat ja auch in anderen Situationen schon geholfen. Man kann zur Vermeidung der gewohnten Probleme einfach die ontologischen Voraussetzungen ändern, die unter Wahrung der Plausibilität zu solchen Sprüngen durchaus bereit sind. Dann hat man es eben nicht mehr mit der ein für allemal vorfabrizierten Welt zu tun, der wir irgendwelche Geheimnisse zu entlocken hätten, sondern gleich mit vielerlei Weltversionen, die lediglich zweckmäßig und elegant in der Darstellung sein müssen, um akzeptiert zu werden.

Private Wahrheiten verbieten sich vor diesem Hintergrund genauso wie okkulte Magien, obwohl uns weiterhin nichts anderes als eine Weltanschauung bleibt, die perspektivisch daherkommt und zur Problemlösung geeignet ist. Der Zustimmungsbedarf vollzieht sich recht demokratisch, wenngleich man es niemals allen rechtmachen kann. Die berühmte »communis opinio doctorum« - die herrschende Lehrmeinung - artikuliert dann das Paradigma als Horizont, vor welchem die einzelwissenschaftlichen Ergebnisse ihre Einordnung erfahren. Dabei können wir sogar recht unterschiedliche Paradigmata im Parallelverfahren akzeptieren, obwohl diese nicht einmal kommensurabel sein müssen. Der Darwinist kann sonntags in die Kirche gehen und eine ganz andere Schöpfungsgeschichte tolerieren, die seiner Zukunft nicht so gnadenlos mit der Ausrottung droht wie das »survival of the fittest«. Der Monist kann seine Welt zu Hause lassen wie sie ist, aber im Wissenschaftsbetrieb dennoch ein ganz anderes Wahrheitsmodell präferieren.

Denn wir können in der Tat - mit Goodman zu reden - Monisten oder Pluralisten sein, wie gerade der Wind weht; eine mathematische Aufgabe lösen wir allemal anders, als wenn wir den Wagenheber zum Reifenwechsel benötigen oder die Polizei belügen, weil wir kein Strafmandat haben wollen. Dies bedeutet freilich nicht, daß wir westliche Winde aus allen Richtungen propagieren könnten. Was in einem Bereich funktioniert, muß noch lange nicht für andere Zwecke genauso geeignet sein. Der gesamte Hintergrund der Kuhnschen Theorie basiert auf der Herkunft des amerikanischen Pragmatismus, der es durch sein fehlendes Mittelalter noch nie zu fragen nötig hatte, wie viele Engel auf einer Nadelspitze Platz haben; der statt dessen zu bedenken gibt, wieviel Zeit wir mit der Frage verschwenden wollen, was eigentlich die richtige Wahrheit sei.

In paradigmatisch instabilen Zeiten muß man trotz seines Orientierungsbedarfes eben zur Not mit mehreren, durchaus inkompatiblen Erklärungs- und Explikationsmustern zurechtkommen, wie dies Kuhn auch in den Bereichen der Kunst zu verorten vermag: »Wie Künstler müssen auch schöpferische Wissenschaftler gelegentlich in der Lage sein, in einer aus den Fugen geratenen Welt zu leben«. Die Wissenschaft ist in ihrer innovativen Phase von der Kreativitätsdimension des Künstlers nicht zu unterscheiden, denn alles Denken hebt mit dem Dichten oder dem Entwerfen von Metaphern an, woraus sich eine enge Nähe zu Feyerabend, Rorty und Goodman ergibt. Aber auch Nietzsche kann als Vorläufer und als europäischer Zeitgenosse des amerikanischen Pragmatismus in seinen Gründerjahren genannt werden: »Bevor gedacht wird, muß schon gedichtet worden sein«. Die Rationalität steht jedenfalls selbst nicht auf rationalen Fundamenten, sondern verdankt sich einer Entscheidung, die aus Plausibilitätsgründen der Logik ihr Recht einräumt, mit ästhetischen Nötigungen zu konkludieren.

Aber auch »veraltete Theorien sind nicht prinzipiell unwissenschaftlich, nur weil sie ausrangiert wurden«. Sie hatten ihren Zweck zu ihrer Zeit, und alle neuen Theorien sind so sterblich wie ihre individuellen Urheber und Betreiber. Wenn demnach Zeit und Wahrheit über die Perspektivität und Plausibilität miteinander verknüpft zu denken sind, dann entfällt zumindest die Vorstellung vom einstrahlig gerichteten Zeitpfeil, der vom Dunkel des Rätsels ins Licht der wissenschaftlichen Aufklärung und Wahrheit fliegt. »Wir müssen vielleicht – ob explizit oder implizit – die Vorstellung aufgeben, daß der Wechsel der Paradigmata die Wissenschaftler und die von ihnen Lernenden näher und näher an die Wahrheit heranführt«, da sich schon die Frage stellen läßt, ob es ein extraterrestrisches Ziel der immanenten Wahrheitssuche überhaupt geben müsse. Es ist schließlich selbst eine bloße Vorstellung von der »Striptease-Theorie« einer Wahrheit, die sich beim Fall des letzten Schleiers der Isis in ihrer puren Nacktheit präsentieren solle. Was sollte es zum Beispiel dann noch zu tun geben? Und vor allem, woher hat man es denn vorher schon gewußt, was sich hinter dem letzten Schleier verborgen hat? Dann hätte man es ja auch gleich sagen können, ohne das Publikum bis zum Höhepunkt einer spannenden Show warten zu lassen.

Kuhn fragt schließlich selbst, ob es denn »wirklich eine Hilfe ist, wenn man sich vorstellt, daß es eine vollständige, objektive und allein richtige Erklärung der Natur gibt, und daß das wahre Maß einer wissenschaftlichen Leistung der Grad ist, in dem sie uns dem endgültigen Ziel näherbringt«. Die Tilgung von Fraglichkeit durch befriedigende Explikation könnte ja auch schon reichen, um sich streng wissenschaftlich in der Welt orientieren zu können. Dann wäre das jeweils erreichte Resultat in seiner vollständigen Deutlichkeit für die Lösungszwecke eines Problems schon das herrschende Paradigma, das weiterhilft, bis auch diese Gestalt des Lebens wieder altert und nach neuen Innovationen ruft. Die Plausibilität und die Evidenz einer bestimmten Perspektive kann niemals bewiesen werden, sie erweist sich vielmehr innerhalb eines Spezifikationsrahmens, der bereits kulturell geteilt werden muß, um überhaupt den Anschluß des Neuen an das Bekannte zulassen zu können. Und auch »der Wettstreit zwischen Paradigmata kann nicht durch Beweise entschieden werden«. Denn diese sind nur innerhalb eines Lösungsmusters überhaupt greifbar und können nach dem Bruch alter Regeln nur dann zum neuen Recht nach der Revolution herangezogen werden, wenn der gesuchte Sinnaufschluß darin gelingt.

Die »normale Wissenschaft«, von der Kuhn beim Funktionieren des Paradigmas spricht, braucht sich aber daran nicht aufzureiben. Die Reflexion auf das Zustandekommen von neuen Sichtweisen hingegen kann sich keiner transzendenten Grundlage bedienen, um das immanente Geschehen zu rechtfertigen. »Soweit sich der Forscher mit normaler Wissenschaft befaßt, ist er ein Rätsellöser, kein Paradigmaprüfer«, denn »jede neue Auslegung der Natur, sei es eine Entdeckung oder eine Theorie, taucht zuerst im Geiste eines oder einiger weniger Individuen auf« und wird dann im Corpsgeist der Forscher akzeptiert, wenn ihre Verankerung darin greift. Wie konservativ und träge dabei vorangeschritten wird, ist daraus erklärlich, wie risikofreudig hingegen der blitzartige Geist mit seinen Metaphern vorgehen muß, wird daran nicht minder deutlich. Eine Letztbegründung oder ein Fortschritt in Richtung Wahrheit können dabei jedenfalls nicht gedacht werden, da die Wahrheit längst schon dort ist, wo sie bei uns sein wollte. Wir sind ihr lediglich als Geburtshelfer entgegengekommen und haben die *mater studiorum* von ihren Wehen befreit. Was sich danach in die *alma mater* einbringen läßt, entscheiden die jeweils Regierenden innerhalb dieser Paradigmenverwaltung zu ihrer Zeit.

Vernetzte Systeme, autonome Teile

Biologische Wurzeln von Bindung und Freiheit

Von Wolfgang Wieser

Der Begriff »Freiheit«, wie wir ihn verstehen, bezeichnet zunächst ein *subjektives Erlebnis:* die ganz persönliche Erfahrung, von irgendwelchen Fesseln »befreit« zu sein. Aber was ist das objektive Korrelat dieser subjektiven Erfahrung? Da »nicht alle frei sind, die ihrer Ketten spotten« und, umgekehrt, manche sich in ihrer Freiheit durch Regeln eingeschränkt fühlen, von denen sich andere nicht beengen lassen, könnte die subjektive Erfahrung Ausdruck eines Spannungsverhältnisses zwischen Selbst- und Fremdbestimmung auf einer gleitenden Skala dieser beiden Zustandsgrößen sein. Selbstbestimmung und Fremdbestimmung, Autonomie und Bindung: Das sind objektivierbare Begriffe, deren biologischen Wurzeln durchaus mit den Mitteln der empirischen Wissenschaft nachgespürt werden kann. Dabei hilft folgende Einsicht: Der Verlauf der biologischen Evolution auf dieser Erde ist nicht nur geprägt von Auseinandersetzungen zwischen konkurrierenden biologischen Einheiten – Genen, Zellen, Individuen –, sondern auch davon, daß die kompetitive Autonomie, die unbegrenzte Konkurrenzfähigkeit dieser Einheiten durch innere und äußere Zwänge grundsätzlich eingeschränkt werden kann. Dies folgt daraus, daß die biologische Evolution eine Evolution von aus Teilen zusammengesetzten *Systemen* ist und daß es vor allem systemare Regeln sind, die das Verhalten der Teile bestimmen. Im Lichte des neuen Wissens über genetische Strukturen und molekulare Prozesse erscheint uns heute die Polarität von Autonomie und Bindung als ein möglicherweise wesentlicherer Aspekt der biologischen Evolution als das, was vor 150 Jahren Charles Darwin für den entscheidenden Motor der Evolution gehalten hatte: der Konkurrenzkampf zwischen Individuen um den Preis der maximalen Fitneß.

John Maynard Smith und Eörs Szathmáry schildern denn auch den Verlauf der biologischen Evolution als einen stufenförmigen Prozeß, dessen globaler Trend die Zunahme der Komplexität von Systemen ist und bei dem sich auf jeder Stufe autonome Einheiten zu Organisationsformen mit neuen Merkmalen verbinden: Gene zu Chromosomen und genetischen Netzen; einfache (prokaryote) Zellen zu komplexeren (eukaryoten) Zellen; Einzelzellen zu vielzelligen Organismen; Symbionten, Parasiten und Wirte zu neuen Organisationsformen; Individuen zu Sozietäten.[1] Der Verlust an Autonomie – also an »Selbstbestimmung« –, die Zunahme von systemaren Kontrollen – also von »Fremdbestimmung« –, ist der Preis, den Teile und Teilsysteme für die Eroberung neuer physiologischer und ökologischer Dimensionen zahlen.

Eine der Wurzeln der Freiheit führt somit zu den *Zwängen,* durch die die Autonomie biologischer Einheiten in vernetzten Systemen und unter dem Druck veränderlicher Umwelten eingegrenzt und beschnitten wird. Für den Zweck dieser Diskussion wollen wir drei Klassen derartiger Zwänge unterscheiden: *genetische, ökologische, soziologische.*

---

[1] John Maynard Smith / Eörs Szathmáry, *The Major Transitions in Evolution.* Heidelberg: Spektrum 1995.

Genetische Netze, genetische Parasiten

In den kernlosen, asexuellen, unbegrenzt teilungsfähigen und potentiell unsterblichen prokaryoten Zellen, die seit etwa 3,5 Milliarden Jahren sämtliche Lebensräume der Erde beherrschen, kontrolliert ein aus ein paar tausend Genen aufgebautes genetisches Netzwerk den Stoffwechsel, den Lebenszyklus und das Verhalten jeder einzelnen Zelle. Obwohl zum Beispiel in den unvorstellbar großen globalen Populationen des Darmbakteriums *Escherichia coli* (E.coli) jedes der etwa 4000 Gene täglich viele tausend Male mutiert, hat sich der Genotypus der Art in historischer und wohl auch in prähistorischer Zeit nicht entscheidend verändert. Die genetischen Strukturen der Populationen in den Gedärmen der Menschheit mögen variieren, aber E.coli bleibt für Spezialisten eine identifizierbare taxonomische Einheit.

Das Programm, von dem das Leben dieses Organismus bestimmt wird, sorgt also dafür, daß trotz Mutationen und Replikationsfehlern eine bestimmte genetische Konstellation unzählige Male von Generation an Generation (von denen jede oft nicht länger als eine halbe Stunde währt) weitergegeben wird. Die innere Kohäsion des genetischen Programms scheint außerordentlich hoch zu sein.

Und dennoch: Unter Ausnützung der strukturellen und funktionellen Möglichkeiten dieser Organisation gelingt es genetischen Elementen immer wieder, sich von den Regeln des Systems weitgehend abzukoppeln und ihre eigenen autonomen Interessen zu verfolgen. Das heißt in diesem Fall, daß sie sich in den Labyrinthen des Genoms vermehren, ohne an irgendwelchen lebenswichtigen Funktionen der Zelle teilzunehmen, ohne also – in übertragenem Sinne – zu deren »Wohl« beizutragen.

Die Tatsache, daß sich bereits in den einfachsten und phylogenetisch ältesten Lebewesen auf dieser Erde genetische Elemente verselbständigen und als Parasiten etablieren konnten, läßt folgenden Schluß zu: Im Kampf um begrenzte Ressourcen mag es für autonome biologische Einheiten von selektivem Vorteil sein, sich zu komplexeren Systemen mit größerer ökologischer Reichweite und physiologischer Leistungsfähigkeit zusammenzuschließen. Für die miteinander vernetzten Einheiten bleibt jedoch weiterhin die Option bestehen, die Vorteile des Systems zu nützen und zu einem autonomen oder quasi-autonomen Zustand zurückzukehren. Diese Option erweist sich als um so attraktiver, je erfolgreicher das System ist. Desto eher zahlt es sich nämlich aus zu stehlen anstatt zu produzieren.

Dieses Spannungsverhältnis führt unmittelbar zum Begriff der »Freiheit« zurück und gibt uns zudem Gelegenheit, ein populäres Mißverständnis über das, was hinter diesem Begriff stehen könnte, zu korrigieren. Seitdem naturwissenschaftliche Entdeckungen dazu geführt haben, dem Zufall und dem mikrophysikalischen Indeterminismus eine gewissermaßen schöpferische Rolle im Weltgeschehen zuzuschreiben, fehlte es nicht an Versuchen, das Phänomen der inneren Freiheit des Menschen mit diesem Aspekt des kosmischen Geschehens in Verbindung zu bringen. Als Zeugnis seien zwei Aussagen zitiert, die eines bekannten Physikers vor mehr als fünfzig Jahren und die eines modernen Theologen, der auch jetzt noch – den Spuren Teilhard de Chardins folgend – Theologie und Evolutionslehre aufeinander abzustimmen versucht. Pascual Jordan (1941): »Daß mikrophysikalische, nicht mehr kausal gebundene Einzelentscheidungen das Lebensgeschehen diktatorisch, richtunggebend steuern – diese Erkenntnis rückt uns dem großen Problem der inneren *Freiheit* des Lebendigen näher: Zum ersten Mal in der Geschichte des menschlichen Denkens nimmt dies Problem Umrisse an, die uns naturwissenschaftlich abtastbar zu werden beginnen.« Ralph Bergold (1996): »Die Schöpfung Gottes ist eine Welt, die sich in Freiheit entwickelt und dabei Freies hervorbringt. Der Zufall wird hier zum entscheidenden Kriterium, er ist das *Freiheitsprinzip* der Schöpfung.«

Besinnen wir uns jedoch der soeben geschilderten Polarität von Autonomie und Bindung im Leben selbst der einfachsten Organismen, dann spricht kaum etwas dafür, daß die Akausalität mikrophysikalischer Ereignisse eine der Wurzeln dessen sein könnte, was der Mensch als das Phänomen der inneren Freiheit erlebt. Auch wenn der Zufall, etwa in Gestalt von Mutationen, eine entscheidende Rolle bei der Erzeugung innovativer Lösungen von Lebensproblemen spielt, Lebewesen sind dadurch ausgezeichnet, daß sie der Herrschaft des Zufalls erfolgreich zu *widerstehen* vermögen. Die Fähigkeit zur Aufrechterhaltung einer genetischen Identität in prinzipiell unsterblichen Zellinien dokumentiert den Sieg eines Ordnungsprinzips über das Zufallsprinzip, die Dominanz *konservativer* Strukturen (im Sinne von Manfred Eigen) gegenüber *dissipativen* Strukturen (im Sinne von Ilya Prigogine). Jene replikationsfähigen Elemente, die sich gewissen Zwängen eines genetischen Netzwerks entziehen und damit zu dessen quasi-autonomen Parasiten werden, bleiben weiterhin Bestandteile des Systems. Ihr Überlebensprinzip besteht darin, daß sie die genetische Maschinerie der Zelle auf raffinierte Weise zu nützen vermögen. So werden sämtliche von der Zelle bereitgestellten Einrichtungen zur Replikation und Kombination von Nukleinsäuremolekülen: Polymerasen, Transkriptionsfaktoren, molekulare Scheren, Reparaturenzyme usw. funktionsgerecht verwendet, nur daß diese Einrichtungen dann eben den Bedürfnissen der genetischen Elemente und nicht denen der Zelle dienen. Freilich ist diese mißbräuchliche Verwendung von Ressourcen mit Kosten für die Zelle verbunden, da dies jedoch für sämtliche Zellen gilt, gehören derartige Kosten zu den Selektionsfaktoren, unter deren Druck Zellinien evoluieren.

Der evolutionäre Erfolg des ganzen Systems hängt entscheidend davon ab, inwieweit es sich gegenüber den parasitären Teilen, von denen es ausgenützt wird, zu behaupten vermag. Die Tricks, die eine Zellinie im Verlauf dieser Auseinandersetzung lernt – zum Beispiel die Fähigkeit, in Nukleinsäuresträngen Brüche zu setzen und diese wieder zu reparieren –, kommen ihr auch bei der Erhaltung ihrer genetischen Identität zugute. In gewissem Sinne wurde das System also durch seine Parasiten *bereichert.* Andererseits stehen dem genetischen Element zwei Optionen offen, die sich durch das Selektionsziel unterscheiden: in dem einen Fall ist das Ziel die Replikation des *Teiles* im systemaren Milieu, in dem anderen die des *Systems* in einem von Umweltfaktoren diktierten ökologischen Milieu. Vermöchte sich der Teil für die Akausalität mikrophysikalischer Ereignisse zu entscheiden, dann führte dieser Weg in das Chaos, nicht in die Freiheit.

Die Erfindung des Phänotyps und die Entdeckung der Natur

Mit der Evolution komplexerer, kernhältiger Zellen, auf denen die Baupläne vielzelliger Lebewesen basieren, begann eine neue Phase der biologischen Evolution. Die Entwicklung eines sterblichen Körpers, des Soma, aus dem endlosen Strom der Keimbahn kann auch als der erste konsequente Schritt zur Abkopplung eines Systemteiles von den Zwängen des genetischen Programms angesehen werden. Aus dem *Genotyp* entfaltet sich der *Phänotyp,* dessen Bausteine, die somatischen Zellen, zwar weiterhin über genetische Information verfügen und von dieser gesteuert werden, der jedoch für seine Auseinandersetzungen mit der Umwelt auch größere Selbständigkeit gewonnen hat. Entscheidend war hierfür die Entwicklung eines auf die Verarbeitung von Signalen spezialisierten Nachrichtensystems, des Nervensystems. Die Konzentration der Signalverarbeitung auf ein zentrales Organ führte zur Etablierung eines alternativen Kontrollorgans. Während das Genom die allgemeinen Lebensstrategien eines Organismus bestimmt, indem es die Bedingungen seiner Herkunft integriert und archiviert, ist das Gehirn für taktische Belange des individuellen Phänotyps zuständig, für schnelle Antworten eines sterblichen Organismus auf die Herausforderungen seiner biotischen und abiotischen Umwelt. Dies verlangt nach der Fähigkeit, Information speichern zu können, also nach der Einrichtung eines *Gedächtnisses,* mit dessen Hilfe alte Lösungsversuche für die Bewältigung neuer Probleme genutzt werden können. Das Verhalten eines tierischen Organismus wird somit strategisch von vererbten Anlagen, taktisch aber auch von erworbenen Erfahrungen bestimmt.

Im Angesicht dieser Polarisierung sind Konflikte zwischen langfristig und kurzfristig wirksamen Maßnahmen zur Erhaltung des Organismus programmiert und unvermeidlich. In diesen Konflikten wurzelt denn auch ein Aspekt der Evolution, den wir als die zunehmende Verselbständigung des Phänotyps vom Genotyp bezeichnen können.[2] Der Punkt, an dem diese Verzweigung den Verlauf der Evolution auf ernsthafte Weise zu beeinflussen beginnt, liegt dort, wo der Phänotyp nicht mehr bloß Spielball der Umwelt ist, sondern in die Rolle eines aktiven Mitspielers schlüpft. Von diesem Punkt an können Aktionen des Phänotyps auf den Genotyp zurückwirken, so zum Beispiel, wenn jener die Umwelt manipuliert und dadurch diesem neue Selektionsbedingungen aufzwingt. Damit wird die Evolution in Richtungen gesteuert, die sie ohne die Wechselwirkungen zwischen taktischen Maßnahmen und strategischen Konzepten nicht hätte nehmen können.

Für Claude Bernard (1813–1878), einen der Begründer der modernen Physiologie, war dieser Punkt im Verlauf der Evolution mit dem Auftreten gleichwarmer (homoiothermer) Tiere erreicht, die sich gegenüber ihren wechselwarmen (poikilothermen) Vorfahren und Ver-

2 Vgl. Wolfgang Wieser, *Was ist Leben?* In: *Merkur,* Nr. 552, März 1995.

wandten durch die Fähigkeit auszeichnen, ein stabiles »inneres Milieu« aufbauen zu können, das sie vor Schwankungen und Störungen des »äußeren Milieus« schützt. Bernard prägte den Begriff des inneren Milieus, als er entdeckte, daß der Säugetierorganismus imstande ist, nicht nur seine Körpertemperatur, sondern auch viele Bestandteile und Merkmale des Blutes - pH-Wert, Blutdruck, Zuckergehalt, Ionenkonzentrationen usw. - durch aktive Regelung mehr oder minder konstant zu halten und gegen Störungen zu verteidigen. Diese Fähigkeit zur Stabilisierung - für die ein weiterer Pionier der Physiologie, Walter Bradford Cannon (1871-1945), später den Begriff Homoeostase einführte - wurde als Zeichen und Garant für die Abschirmung eines Lebewesens von den chaotischen Einflüssen der Umwelt angesehen. In dieser »Befreiung vom Diktat der Umwelt« liegen denn auch - so meinten Bernard und Cannon - die Wurzeln jener »Freiheit«, die für den Menschen zu einem so hohen Gut geworden ist.

Unter dem Druck dieser Befreiung hat sich aber auch die Beziehung des Menschen zur Natur gewandelt. Die Forderung, sich die Natur untertan zu machen, hat zu deren Zähmung geführt, und als sie gezähmt war, entdeckte sie der befreite Mensch als ein Objekt sowohl seiner Neugier wie seiner Begierde. Die Wissenschaft von den Beziehungen zwischen Lebewesen und ihren Umwelten, die *Ökologie,* ist denn auch einerseits das Resultat einer Befreiung, kündigt andererseits aber auch eine neue Bindung an, die etwa in dem Schlagwort zum Ausdruck kommt, der Mensch habe der Natur gegenüber »Verantwortung« zu übernehmen.

Individualität und soziale Abhängigkeit

Es hat den Anschein, als ob sich homoiotherme Tiere in dem Maße, in dem sie sich vom ökologischen Diktat der Umwelt befreiten, in neue Abhängigkeiten begaben, nämlich in die sozialer Systeme. Das stimmt natürlich nur mit Einschränkungen, denn nicht alle homoiothermen Tiere leben in komplex strukturierten sozialen Gemeinschaften, und gerade die am konsequentesten durchorganisierten sozialen Systeme im Tierreich, die der sozialen Insekten, bestehen aus poikilothermen Individuen. Die Behauptung trifft jedoch exemplarisch auf Primaten und vor allem auf unseren nächsten Verwandten, den Schimpansen, zu, über dessen hierarchisch gegliederte Clangemeinschaften wir dank der Bemühungen Jane Goodalls und anderer unermüdlicher Feldforscher nun gut Bescheid wissen.

Für die Strukturierung tierischer Sozietäten sind die Beziehungen zwischen dem »Teil« und dem »Ganzen« ebenso bedeutsam, wie dies auf allen anderen Ebenen der biologischen Organisation der Fall ist, vom Genom bis zur menschlichen Gesellschaft. Und wie bei allen anderen Übergängen von autonomen Teilen zu vernetzten Systemen wurzelt die - evolutionäre - Entscheidung von Individuen, sich den Regeln sozialer Systeme zu unterwerfen, in den Selektionsvorteilen, die das Individuum und seine Nachkommen aus diesem Schritt zu erwarten haben. Üblicherweise werden Vorteile beim Nahrungserwerb, bei der Aufzucht von Jungen und beim Schutz vor Feinden zur Erklärung des Erfolgs sozialer Systeme im Tierreich angeführt. In den sozialen Systemen von Säugetieren, speziell von Primaten, ist jedoch ein weiterer, verborgener Trend wirksam, der in der Kommunikationsfähigkeit der Vertreter dieser Systeme wurzelt. Die Mitglieder einer Primatengemeinschaft kommunizieren miteinander auf vielfältige Weise, über ritualisierte Auseinandersetzungen, Spiele, Körpersprache, Mimik, Gesten und Laute. Die Struktur der Gemeinschaft, die Form der Beziehungen zwischen ihren Gliedern wird durch diesen Informationsaustausch entscheidend geprägt. Soziale Gemeinschaften sind besondere Bühnen im Theater der Evolution, auf denen sich die Fähigkeit von Individuen zur Kommunikation und zur sozialen Interaktion nach verschiedenen Seiten entfalten konnte. Eine wesentliche Bestätigung dieser Sichtweise verdanken wir R. I. M. Dunbar, der herausgefunden hat, daß bei Primaten die Größe der neocorticalen Region des Gehirns, in der sich vor allem die für intelligente Leistungen so entscheidenden assoziativen Prozesse abspielen, deutlich positiv mit der Größe der sozialen Gemeinschaft, hingegen gar nicht mit dem Nahrungsangebot und anderen territorialen Ressourcen korreliert.[3] Dies ist so zu deuten, daß die Mitglieder großer Gemeinschaften mehr und vielfältigere Gelegenheit zum Informationsaustausch haben als die Mitglieder kleiner Gemeinschaften und daß sich dieses erhöhte Informationsangebot in einer Intensivierung zentralnervöser Prozesse niederschlägt.

Darüber hinaus kann mit der Größe der Gemeinschaft auch die Wahrscheinlichkeit zunehmen, daß in ihr außerordentliche Repräsentanten der Art vertreten sind, zum Beispiel besonders intelligente oder solche mit ausgeprägten Führungsqualitäten - aber natürlich auch solche mit besonders negativen Charaktereigenschaften. Dieser Umstand kann sich auf sämtliche Mitglieder der Gemeinschaft auswirken und ihnen Vorteile oder Nachteile gegenüber den Vertretern konkurrierender Gemeinschaften verschaffen. Das soziale System wird so zu einem Multiplikator individueller Eigenschaften, was vor allem in Zeiten des Mangels und der Gefahr (also unter den Bedingungen der natürlichen, von Menschen unbeeinflußten Evolution fast immer) ins Gewicht fallen dürfte.

Der Informationsaustausch zwischen den Angehörigen einer sozialen Gemeinschaft von Säugetieren resultiert meist in einer Rangordnungsstruktur (beziehungsweise dient deren Festigung). Im Kontext unserer Betrachtung ist von Bedeutung, daß die Form so einer Struktur nicht allein durch die Eigenschaften der einzelnen Individuen - ihre Stärke, Intelligenz oder Anpassungsfähigkeit - bestimmt wird, sondern auch durch die jeweils spezifische *Kombination* individueller Fähigkeiten und Eigenschaften in der Gemeinschaft. Hierzu liefert ein schon vor längerer Zeit von dem amerikanischen Neuropsychologen Karl H. Pribram durchgeführtes Experiment ein besonders instruktives Beispiel.[4]

Kolonien von Rhesusaffen sind streng hierarchisch gegliedert, wobei die Männchen der Kolonie eine Dominanzserie bilden, vom führenden Alpha- zum Omega-Individuum als Schlußlicht. Dem geduldigen Beobachter erschließen sich diese Beziehungen aus dem Verhalten der einzelnen Tiere. Pribram griff in eine aus acht Männchen bestehende gut etablierte Kolonie dergestalt ein, daß er am jeweiligen Alpha-Tier eine Gehirnoperation durchführte, durch die sich das Wesen des Tieres ebenso veränderte, wie dies auch bei Menschen als Folge eines Gehirntraumas der Fall sein kann. Zwei der Versuche brachten gleichwertige Ergebnisse: Das operierte Alpha-Männchen verlor sofort seine Stellung in der Rangordnung und rutschte auf die unterste Stufe der Hierarchie hinunter, wo es nun von allen anderen Männchen der Kolonie kujoniert wurde. Der dritte Versuch hingegen hatte ein unerwartetes Ergebnis. Das Alpha-Männchen Riva behielt auch nach der Operation seine dominante Position, obwohl es eine tiefgreifende Wesensveränderung durchgemacht hatte und zu einem unleidlichen und hinterhältigen Zeitgenossen geworden war. Eine Erklärung für die Ergebnisse der drei Versuche liefert der Charakter des jeweiligen »Kronprinzen«. Bei den ersten beiden Versuchen war dieser ebenso ehrgeizig wie der frühere

---

[3] In: *Journal of Human Evolution,* Nr. 20, 1992, S. 469-493.

[4] Karl H. Pribram, *Current Trends in Psychology and the Behavioral Sciences.* Pittsburgh: University of Pittsburgh Press 1954, S. 115-142.

Herrscher und nahm nach dessen Entthronung und Niedergang die Alpha-Position mit sichtlicher Genugtuung ein. Ganz anders im dritten Versuch. Der durch die vorhergehenden Versuche zum Kronprinzen avancierte Herby wird von Pribram als ausgeglichen, intelligent und wenig aggressiv geschildert, der keine besondere Lust zu verspüren schien, die plötzlich erreichbar gewordene Alpha-Position in der Kolonie einzunehmen. Andererseits waren die Zwänge der hierarchischen Struktur stark genug, um zu verhindern, daß das nächste Männchen in der Rangordnung, der eifrige, extrovertierte Benny, über den Kopf von Herby hinweg die Herrscherposition hätte erklimmen können. So mußte denn die Kolonie mit dem gehirngeschädigten hysterischen Riva auskommen. Man darf darüber spekulieren, ob in freier Wildbahn diese Regentschaft (oder die Existenz der Kolonie) bloß von kurzer Dauer gewesen wäre.

Dieses Beispiel dokumentiert, daß die sozialen Systeme höherer Wirbeltiere eine Organisation darstellen, die nicht nur auf vererbten Verhaltensprogrammen der *Art,* sondern auch auf den Anlagen und Leistungen von *Individuen* aufbauen. Dies läßt erwarten, daß sich von Fall zu Fall unterschiedliche Kompromisse zwischen systemarer Kontrolle und individueller Autonomie einstellen werden, wobei - wie schon angedeutet - in Zeiten des Mangels und der Gefahr eher jene, in solchen des Überflusses und der Sicherheit eher diese im Vordergrund stehen werden.

Ob Herby seine Entscheidung, sich dem Streß einer Alpha-Position *nicht* auszusetzen, als Ausdruck seiner Freiheit erlebte, ja ob er überhaupt irgend etwas zu erleben oder zu entscheiden hatte, wissen wir natürlich nicht und können wir gar nicht wissen, da wir mit Herby und seinen Nachkommen nicht zu kommunizieren vermögen. Deutlich wird allerdings, daß es nur dann sinnvoll ist, über autonomes Verhalten zu reden, wenn Individuen prinzipiell Optionen auf alternative Lebensstrategien offenstehen, und daß derartige Optionen dem Schema der Auseinandersetzungen zwischen autonomen Teilen und kontrollierenden Systemen folgen, das wir als ein Grundprinzip und Urphänomen der biologischen Evolution anzusehen haben.

Der Beitrag von KARL HEINZ BOHRER (geb. 1932) wird in einer erweiterten Fassung in dem von Ludger Heidbrink herausgegebenen Buch *Entzauberte Zeit. Der melancholische Geist der Moderne* im Frühjahr 1997 bei Hanser in München erscheinen.

HAUKE BRUNKHORST, geb. 1945, Fellow am Kulturwissenschaftlichen Institut des Wissenschaftszentrums NRW in Essen. 1994 ist erschienen *Demokratie und Differenz,* im Frühjahr 1997 wird *Solidarität unter Fremden* erscheinen.

STEVEN WEINBERG, geb. 1933, Professor für Physik an der University of Texas, Austin, erhielt 1979 den Nobelpreis für Physik. Auf deutsch sind erschienen *Die ersten drei Minuten* (1992) und *Der Traum von der Einheit des Universums* (1993). - Der Beitrag ist unter dem Titel *Sokal's Hoax* in der *New York Review of Books* vom 8. August 1996 erschienen. © 1996 Nyrev, Inc.

HARALD WEINRICH, geb. 1927, Professor am Collège de France, Paris. - Der Beitrag basiert auf einem Kapitel aus dem Buch *Lethe. Kunst und Kritik des Vergessens,* das 1997 bei Beck in München erscheinen wird.

KARL OTTO HONDRICH, geb. 1937, Professor für Soziologie an der Universität Frankfurt. 1992 sind erschienen *Lehrmeister Krieg* und *Solidarität in der modernen Gesellschaft* (Mitautor).

JAN ASSMANN, geb. 1938, Professor für Ägyptologie an der Universität Heidelberg. 1996 ist erschienen *Ägypten - eine Sinngeschichte,* 1997 wird erscheinen *Moses the Egyptian.*

THOMAS SPARR, geb. 1957, ist Verlagslektor in Frankfurt. Herausgeber der 1995 erschienenen *Briefe 1948-1970* von Gershom Scholem.

MICHAEL BASSE, geb. 1957, freier Autor. 1992 ist der Gedichtband *Und morgens gibt es noch Nachricht* erschienen.

GEORG FRANCK, geb. 1946, Professor für EDV-gestützte Methoden in Architektur und Raumplanung an der TU Wien. Zuletzt ist erschienen *Raumökonomie, Stadtentwicklung und Umweltpolitik* (1992). - Der Beitrag ist dem Buch *Ökonomie der Aufmerksamkeit* entnommen, das im Herbst 1997 bei Hanser in München erscheinen wird.

EBERHARD DÖRING, geb. 1954, Wissenschaftsjournalist. 1995 ist erschienen *Philosophie der Demokratie bei Kant und Popper.*

WOLFGANG WIESER, geb. 1924, Professor emeritus für Zoologie und Zoophysiologie an der Universität Innsbruck. 1994 ist erschienen *Die Evolution der Evolutionstheorie.*

Der Merkur erscheint monatlich.
Die Zeitschrift kann durch jede Buchhandlung oder unmittelbar vom Verlag bezogen werden. Preis des Einzelheftes DM 18 / öS 131 / sFr 18, des Doppelheftes DM 24 / öS 175 / sFr 22,80, im Abonnement jährlich DM 180 / öS 1314 / sFr 160,20, für Studenten und Akademiker im Vorbereitungsdienst gegen Vorlage der Studienbescheinigung im Abonnement jährlich DM 135 / öS 986 / sFr 120,20. In Drittländern (außerhalb der EU) gelten die angegebenen Preise netto; alle Preise jeweils zuzüglich Versandspesen.
Das Abonnement verlängert sich automatisch, wenn die Kündigung nicht bis zum 1.12. erfolgt. Zuschriften, die den Vertrieb und die Anzeigen betreffen, an den Verlag erbeten. Für unverlangte und ohne Rückporto eingesandte Manuskripte kann keine Gewähr übernommen werden.

J. G. Cotta'sche Buchhandlung Nachfolger GmbH, Postfach 106016, 70049 Stuttgart, Telefon (0711) 6672-0.
Verantwortlich für den Anzeigenteil: Rainer Just. Abonnementsverwaltung: Thomas Kleffner, Telefon (0711) 6672-1648, Fax (0711) 6672-2032. Anzeigenverwaltung: Maria Stork, Telefon (0711) 6672-1348, Fax (0711) 6672-2030. Zur Zeit ist die Anzeigen-Preisliste Nr. 16 vom 1.1. 1997 gültig.

Fotosatz: TypoScript, Waldorf & Deiser, München. Druck und Einband: Ludwig Auer, Donauwörth.

Redaktionsschluß: 5.12.1996

ISSN 0026-0096 NC N NCA

Im nächsten Heft:

Jan Ross
Staatsfeindschaft. Anmerkungen zum neuen Vulgärliberalismus

Manfred Henningsen
Die Regime des Terrors

Hermann Pfütze
Unsichtbar – versenkt – im Traum. Mahnmale und öffentliche Skulpturen von Jochen Gerz

Philipp Fehl
Der Kluckytempel.
Eine Kindheitserinnerung